KB267307

동아시아미래가치연구소
생명학 CLASS 06

불교와 『주역』의 생명철학

동아시아미래가치연구소
생명학 CLASS 06

불교와 『주역』의 생명철학

1판 1쇄 인쇄 2026년 2월 20일
1판 1쇄 발행 2026년 2월 27일

지은이   이상하
기획   동아시아미래가치연구소
정리   김영죽·박이진
교정   마현민
펴낸이   유지범
책임편집   구남희
편집   신철호·현상철
외주디자인   심심거리프레스
마케팅   박정수·김지현

펴낸곳   성균관대학교 출판부
등록   1975년 5월 21일 제1975-9호
주소   03063 서울특별시 종로구 성균관로 25-2
전화   02)760-1253~4
팩스   02)760-7452
홈페이지   http://press.skku.edu/

ISBN 979-11-5550-702-5 94040
      979-11-5550-664-6 94040(세트)

잘못된 책은 구입한 곳에서 교환해 드립니다.

불교와 『주역』의 생명철학

동 아 시 아
미래가치연구소
생명학 CLASS
06

이상하
지음

성균관대학교
출판부

기획의 말

오늘날 우리는 '생명'이라는 단어를 자연스럽게 사용하지만, 그 의미를 깊이 성찰할 기회는 많지 않습니다. 근대 과학과 서구적 사유 속에서 정립된 '생명' 개념은 우리 삶에 깊숙이 스며들었지만, 동시에 인간과 자연, 기계와 생명의 경계를 엄격히 구분하는 이분법적 사고를 만들어 냈습니다.

그러나 21세기 들어 기후 위기, 인구 구조의 변화, 첨단 기술의 발전, 인공지능(AI)의 등장과 같은 거대한 전환을 맞이하면서, 기존의 생명관은 더 이상 충분한 설명력이 없음을 드러내고 있습니다. 이제 우리는 다시금 묻습니다.

'생명이란 무엇인가?'
'우리는 생명을 어떻게 이해하고, 어떤 가치를 부여해야 하는가?'
'생명과 생명을 잇는 관계 속에서 돌봄과 책임은 어떤 의미를 가지는가?'
'기술 발전과 함께 생명윤리는 어떻게 변화해야 하는가?'

동아시아미래가치연구소의 "생명학 CLASS" 시리즈는 이러한 질문에 답하고자 기획되었습니다. 본 연구소는 동아시아적 전통 속에서 생명 개념을 탐구하고, 현대 과학 기술 및 인문학적 사유를 융합하여 생명의 의미를 재구성하는 시도를 이어가고자 합니다.

본 시리즈 강연록은 다양한 학문 분야의 연구자들이 주축이 되어 학술적, 사회문화적 관점에서 생명을 해석하고, 현대 사회가 직면한 생명 관련 난제들을 조망하는 내용으로 구성됩니다. 특히, 현 사회에서 더욱 중요해지고 있는 '돌봄(care)'과 '생명윤리(bioethics)'의 가치에 주목하며, 생명과 생명 사이의 관계성을 조명합니다.

오늘날 의료 기술의 발전과 유전자 조작, AI와 로봇 기술의 도입, 기후 변화 속에서의 생명 유지 문제는 새로운 윤리적 화두를 던지고 있습니다. 이에 인간 중심의 생명관을 넘어, 모든 생명체와 생태계가 조화를 이루며 공존할 수 있는 방향으로 생명윤리를 재정립할 필요가 있습니다. 돌봄은 단순한 보살핌을 넘어, 인간과 자연, 기술과 사회가 함께 살아가는 방식에 대한 근본적인 성찰이며, 그 안에서 우리는 생명 존중의 실천적 의미를 찾아야 합니다.

이 시리즈를 통해 우리는 근대적 생명관의 한계를 넘어, '돌봄'과 '생명윤리'를 중심으로 자연과 인간, 기술과 생명의 새로운 관계를 모색하고자 합니다. 생명에 대한 철학적, 윤리적, 사회적 논의를 확장함으로써, 보다 지속 가능하고 공생적인 미래를 설계하는 데 기여할 수 있기를 바랍니다.

동아시아의 사유 속에서 생명의 본질, 돌봄의 의미,

그리고 생명윤리의 방향을 다시 묻는 이 여정에 독자 여
러분을 초대합니다.

동아시아미래가치연구소

박이진

2025년 10월 31일 금요일 18시~20시

- **강연자**: 이상하(전 한국고전번역원 교수)
- **사회자**: 김영죽(동아시아미래가치연구소 책임연구원)
- **강연제목**: 불교와 『주역』의 생명철학

🎙 사회자

오늘은 2025년 생명학 클래스의 마지막 강의입니다. 총 세 차례로 진행된 올해 생명학 클래스도 오늘로 마므리하게 되었습니다. 바쁜 일정 속에서도 함께해 주신 모든 분들께 진심으로 감사드립니다. 오늘 강의는 전 한국고전번역원 교수이신 이상하 선생님을 모시고 '불교와 『주역』의 생명철학'이라는 주제로 진행하겠습니다.

이상하 선생님께서는 유교와 불교 고전 문헌 연구 및 번역 분야에서 국내를 대표하는 연구자이시며, 불교 경전과 유교 고전에 걸쳐 폭넓은 학문적 성과를 쌓아 오신 분입니다. 오늘 강의에서는 불교와 『주역』에 담긴 생명 사유가 어떤 방식으로 전개되고, 또 오늘날 우리 삶과 어떻게 연결될 수 있는지를 깊이 있게 들려주실 예정입니다. 그럼, 이상하 선생님의 강의를 청해 듣도록 하겠습니다.

불교와『주역』의 생명철학

1. 들어가며

🎓 이상하 선생님

강의 잘하시는 분들을 가만히 보면 한 가지 공통점이 있더군요. 청중이 무엇을 원하는지를 정확히 꿰뚫고 있다는 거지요. 그런데 사실, 저는 이 방면에 서툽니다. 한문 원전을 펴 놓고 강독하는 강의를 거의 30년, 35년쯤 해 왔습니다만 강의라기보다는 텍스트를 함께 읽는 시간이 많았고, 청중과 소통하면서 자유롭게 이야기를 풀어가는 강의는 거의 해본 적이 없습니다. 그래서 오늘 제 이야기가 조금은 재미없거나 딱딱하게 들릴 수도 있습니다. 혹시라도 설명이 어렵게 느껴지신다면, 언제든 질문해 주십시오. 한 대목이 끝날 때마다 던져주시는 질문이 오히려 강의의 물꼬를 트는 데 큰 도움이 됩니다.

저는 어릴 때부터 이런 생각을 많이 했습니다. '인생이라는 게 참 무의미하다'는 생각 말입니다. 지금도 별반 다르지 않게 느낍니다. 다들 바쁘고 역동적으로 사는 것 같죠? 하지만 가만히 들여다보면 사람들이 하는 일이란 게 딱 요약이 됩니다. 그저 좋으면 웃고, 싫으면 화내는 것. 사실 그것 말고 뭐 그리 대단한 게 있나 싶을 때가 많거든요.

조금 과한 비유를 해볼까요? 사람들이 평생 하는 일이 전부 '밀양 아리랑'을 부르는 것 같다는 생각도 듭니다. 아리랑 가사에 보면 '날 좀 보소'라는 대목이 있잖아요? 결국은 다들 자기를 좀 봐달라고, 자기를 드러내고 싶어하는 거죠. 사실 그것 말고 거기에 무슨 거창한 의미가 있겠나 싶기도 합니다.

물론, 이게 아주 찰나에 끝나는 일이라면 아무도 그

렇게 애쓰지 않을 겁니다. 가령 대통령이 된다고 칩시다. 그 자리가 단 5분만 하고 끝난다면, 누가 그걸 원하겠습니까? 어느 정도 누릴 수 있는 시간이 보장되니, 사람들이 그토록 그 자리에 집착하는 겁니다.

이런 무상함을 뼈저리게 느끼게 된 결정적인 계기가 있었습니다. 바로 2020년, 제 나이 만으로 쉰아홉이 되던 해의 일입니다. 다들 기억하시겠지만, 그때 코로나 팬데믹이 본격화되었고, 우리 사회의 갈등 또한 극심하지 않았습니까? 혼란스러운 상황을 지켜보자니, 인간이라는 존재가 육체적으로 얼마나 허약한지, 또 정신적으로는 얼마나 위태롭고 불안정한지 절감하게 되더군요. 설상가상으로 제 건강까지 크게 나빠지던 시기였습니다. 세상만사가 다 보기 싫어져서, 결국 살던 곳을 떠나 어디 좀 조용한 곳으로 거처를 옮기게 되었습니다. 그렇게 세상과 조금 떨어져서 지낸 시간이, 벌써 3년 정도 되어 가네요.

참 묘하지요. 세상일이란 좀 멀리서 보면 오히려 더 선명하게 보일 때가 있습니다. 지금 제 마음이 그렇습니다. 아, 정말 무의미하구나!

돌이켜보면 제 공부의 여정도 참 우여곡절이 많았습니다. 서른 전까지는 불교에 굉장히 빠져 있었습니다. 참선이며 수행한다고 여기저기 다니기도 했습니다. 그러다 결혼을 하고, 불교 공부에 어떤 한계 같은 게 오면서 방향을 틀었습니다. 그 후 30대와 40대는 오로지 주자학(朱子學)에만 매달렸습니다. 생계는 번역으로 꾸렸지만, 머릿속은 온통 주자학뿐이었지요.

50대에 들어서면서 다시 불교 공부로 돌아왔습니다. 다만 예전처럼 이것저것 다 보는 게 아니라, 초기 불교를 집중적으로 보고 있습니다. 요즘 제게 가장 큰 위안이 되는 것도 바로 이 초기 불교입니다.

오늘 강의에서 제가 정말 하고 싶은 이야기는 이것입니다. 우리는 흔히 생성하는 것만을 생명이라고 생각합니다. 무언가 새로 생기고, 늘어나고, 확장되는 것을 생명이라고 생각하죠. 그런데 불교나 『주역(周易)』에서는 생성과 소멸 전체를 생명으로 봅니다. 생성하고 소멸하지 않는 것은 생명이 아니라고까지 말합니다.

그래서 생성하고 소멸하는 것을 정확히 알고, 특히

소멸을 소멸하지 않기를 바라며 붙잡으면 거기서 고통이 생긴다고 말합니다. 이게 불교의 가르침이고, 『주역』이 말하는 변화의 논리입니다. 『주역』은 변화를 정확히 알고, 그 흐름 속에서 자기를 내려놓으라고 말합니다. 내려놓고 변화의 흐름을 그대로 타라는 겁니다. 그럴 때 사람이 평화로워지고, 오히려 실수를 덜 하게 됩니다.

지금 우리네 삶을 봐도 그렇지 않습니까? 돈 잘 버는 사람들을 보면, 결국 변화의 흐름을 읽어내는 사람들입니다. 저는 평생 고지식하게 한문만 파고들며 살았지만, 기업 현장에서 치열하게 일하다 은퇴하신 분들을 뵈니 그분들이야말로 진짜 지혜로운 분들이더군요. 왜냐하면 그분들은 변화를 머리로만 생각한 게 아니라, 온몸으로 부딪치며 겪어낸 분들이기 때문입니다.

오늘 저는 이 '변화'와 '생명'의 이치를 삶과 죽음의 문제와 연결해 보려 합니다. 명망 있는 종교인들조차 오히려 죽음 앞에서는 가장 나약한 모습을 보일 때가 많습니다. 물론, 다 그런 건 아니겠지만요.

반면에 제가 어릴 적 시골에서 뵈었던 집안 어른들

은 달랐습니다. 그분들은 돌아가시기 직전에도 아주 편안하시더군요. 변화해야 할 때, 떠나야 할 때가 되면 그것을 자연의 섭리로 담담하게 받아들이시는 겁니다. 우리처럼 입으로, 말로 먹고사는 사람들은 정작 자기 머릿속에 만든 세계에 갇혀 살기 십상입니다. 우리가 쓰는 말, 언어라는 게 뭡니까? 냉정하게 보면 전부 '남의 생각'입니다. 남이 만들어 놓은 생각의 틀이죠. 평소에 유식해 보이는 데는 도움이 될지 몰라도, 막상 나에게 닥친 생사의 문제 앞에서 '말'은 아무런 힘을 못 씁니다.

그래서 오늘은 이 삶과 죽음의 문제를 함께 놓고 이야기를 풀어보려 합니다. 『중용(中庸)』에 보면 이런 말이 있습니다. "도(道), 즉 진리라는 것은 잠시도 떠날 수 없는 것이다." 가장 가까이에 있다는 뜻입니다.

우리가 책을 보든 종교를 믿든, 마음가짐을 이렇게 가져야 합니다. '진리는 내가 이미 알고 있는 것인데, 잠시 착각해서 잊고 있을 뿐이다.' 그래야 진리에 다가갈 수 있습니다. 진리가 저기 어딘가 대단한 곳에 있어서, 어느 날 짠! 하고 나타나 나를 구원해 줄 거라 믿는다면, 그건 환상입니다.

지인 한 분이 산에 들어가 젊음을 바쳤습니다. 단전 호흡이다 뭐다 열심히 하셨는데, 칠순이 넘은 지금은 몸이 많이 상하셨어요. 대화를 나눠보아도 깨달은 바가 별로 없는 듯한데, 도(道) 이야기만 나오면 얼굴에 화색이 돕니다. 도가 정작 본인의 삶은 하나도 해결해 주지 못했는데 말이죠. 저는 이게 환상의 세계에 사는 거라고 봅니다.

안타깝게도 종교인들의 99%는 이런 환상 속에 살고 있지 않나, 조심스럽게 생각합니다. 이게 왜 위험하면서도 달콤한가 하면, 현실에서는 내 욕망을 마음대로 펼칠 수 없지 않습니까? 눈치도 보이고, 법에 저촉되면 감옥도 가니까요. 그런데 종교나 환상의 영역에서는 누가 뭐라 합니까? 내가 옳다고 믿고 소리쳐도 아무도 제재하지 않으니, 자기 욕망을 무한대로 투사할 수 있는 겁니다.

서론이 길었습니다만, 오늘 제가 드리는 말씀이 다소 어렵게 들리더라도 '아, 내가 본래 알고 있던 건데 잠시 잊고 있었구나' 하는 마음으로 들어주시면 좋겠습니다. 그러면 의외로 공감되는 부분이 많으실 겁니다.

　　말이 너무 길어지면 어려우니, 이제 준비한 자료를
차근차근 읽으며 보충 설명이 필요한 부분에서 다시 말씀
을 드리죠.

2. 생명과 변화

생명을 단지 목숨이라고만 생각하는 분은 아마 이 자리에 오시지 않았을 것입니다. 생명은 우리가 직접 느낄 수 있는 거의 유일한 실존입니다. 이 생명을 신으로도, 우주 의식으로도 여러 방식으로 표현하겠지만, 표현은 어디까지나 표현일 뿐입니다. 인간의 정신적 · 육체적 모든 행위가 생명과 연관되지 못한다면 무의미합니다. 우리의 실상(實相)이 곧 생명이라 할 수 있지만, 눈이 자기 눈을 볼 수 없듯이 생명을 대상으로 삼아 볼 수는 없습니다. 가까이 있는 것일수록 오히려 정의하기 어렵습니다. 느끼고 확인할 수 있을 뿐입니다.

자연계에서 고정된 상태로 있다면 죽은 것이고, 생명 있는 것은 변화하는 법이니 '변화하는 것은 생명이 있다'고 해도 됩니다. 자연계의 모든 생명은 생성하고 소멸합니다. 생성하기 위해서는 반드시 소멸이 따릅니다. 그런데 사람들은 자기 존재의 소멸만은 부정하고 싶어 합니다. 존재에 집착한 나머지 생명의 실상을 보지 못하는 것입니다.

동양학은 사실상 생명학이라 해도 크게 틀리지 않습니다. 불교와 유교를 생명학으로 정의해도 무리가 없습니다. 핵심은 부분에 매이지 말고 전체를 보라는 데 있습니다. 이를 아주 쉽게 말하면 이렇습니다. 죽기 싫다고 해서 안 죽을 수 있느냐는 것입니다. 안 죽으면 어떻게 할 것이냐고 묻는다면, 안 죽으면 안 된다고 대답할 수밖에 없습니다. 『서경』에서는 오래 사는 것을 오복(五福) 가운데 하나로 말하지만, 『장자』에서는 오래 사는 사람이 도리어 욕을 당한다고 하여 수자욕(壽者辱)이라 말합니다. 오래 사는 것만을 절대선으로 붙잡는 태도 역시 부분에 매인 시선입니다.

불교의 연기(緣起)와 『주역』의 역(易)은 모든 존재가 변화한다는 이치를 설파합니다. 역이라는 글자를 상형적으로 카멜레온에 비유하는 설명도 있는데, 그만큼 변화 자체를 뜻하는 글자라고 할 수 있습니다. 연기와 역은 생명을 가장 실상에 가깝게 설명합니다. 이 강연에서는 '변화'와, 이어서 다루게 될 '일이이(一而二)', 즉 '하나이면서 둘'이라는 개념을 키워드로 삼아 생명을 이야기해 보겠습니다.

오늘날 인류는 거의 다 유물론(唯物論)에 의지하고 있

습니다. 여기서 말하는 유물론은 특정 사상을 뜻하는 것이 아니라, 물질이 전부라는 생각입니다. 유물론이 유신론(有神論)이나 유심론(唯心論)보다 과학적으로 이해하기 쉽기 때문입니다. 물질에서 만족하지 못할 때 가끔 종교나 철학에 눈길을 주기도 합니다. 종교와 철학은 유물론에 걸쳐진 액세서리 같다고나 할까요.

그러나 인간이 물질일 뿐이라면, 인류의 미래는 희망이 없습니다. 생명이 물질에서 나온 것에 불과하다면, 물질적 쾌락을 얻는 것이 가장 잘 사는 삶이 됩니다. 그렇게 되면 인간의 쾌락을 추구하는 욕망을 막을 길이 없습니다. 하지만 쾌락은 끝이 있고, 반드시 고통이 따릅니다.

이를테면 이런 질문을 던져 보겠습니다. 돈 50억을 가질 것인가, 아니면 돈 10억으로 가족과 행복하게 살 것인가. 이 선택의 기로에, "10억으로 행복하게 살겠다"며 만족하는 사람은 거의 없습니다. 아마 이렇게 말하겠지요. "50억을 가지고 가족과 행복하게 살겠다".

우리의 의식과 물질은 하나입니까, 둘입니까? 의식과 물질이 단지 서로 다른 둘이라면 교감할 수 없습니다. 반대로 완전히 하나라면 인식할 바가 없습니다. 우리가 인식하는 세계는 상대적인 세계이기 때문입니다. 그렇다면 의식과 물질은 '하나이면서 둘'이어야 하지 않겠습니까? 하나이기만 해도 말로 표현할 수 있고, 둘이기만 해도 말로 설명할 수 있지만, 하나이면서 둘이라고 하면 말로 표현하기가 쉽지 않습니다. 불교의 공(空), 연기, 그리고 『주역』도 곧 그러한 표현이지요.

유물론이 물질에서 의식, 즉 마음이 나왔다고 주장한다면, 거꾸로 의식이 물질을 만들어냈다는 추론도 가능합니다. 그렇다면 신, 또는 우주 의식은 존재하는가라는 질문으로 이어집니다. 존재한다면 어떻게 증명할 수 있을까요? 신은 유한한 삶을 사는 사람이 만들어낸 환상일 수도 있습니다. 신을 믿는 사람들 대부분은 신을 욕망의 대상으로 이해하고 있는 듯합니다. 하지만 진짜로 신이라면, 욕망의 대상으로 볼 수는 없을 것입니다. 욕망으로 붙잡을 수 있는 것은 물질뿐입니다.

그럼에도 이처럼 오묘하고 정교한 우주가, 아무 주재자도 없이 물질만이 스스로 움직여 이루어졌다고 말할 수

있을까요. 우리가 현상계에서 보더라도, 물질이 저절로 움
직이는 경우는 없습니다. 물질은 언제나 어떤 작용과 관계
속에서만 움직입니다.

3. 물의 종교와 불의 종교

제가 지금부터 강의할 내용은, 솔직히 조금 불편하게 들릴 수도 있습니다. 그래서 미리 말씀을 드립니다. 누군가를 공격하거나, 특정 종교를 비하하려는 의도가 아닙니다. 다만 제가 오랫동안 불교와 유교 문헌을 읽고, 실제 종교 현장을 지켜보면서 자연스럽게 갖게 된 생각입니다. 이 생각이 맞을 수도 있고, 틀릴 수도 있습니다.

사람은 다른 생명체와 달리 자기 생각을 믿는 아주 이상한(?) 능력을 가졌습니다. 저는 이게 인간의 가장 큰 장점이자 동시에 가장 큰 위험이라고 생각합니다. 현실로 엄연히 존재하는 국가나 사회도 사실은 생각이 만들어낸 세계입니다. 종교도 마찬가지입니다. 종교 역시 생각이 만든 구조물입니다. 문제는 자신과 세계의 실상을 보지 못한 상태에서, 그 생각이 만든 구조물 안에 갇혀 버릴 때입니다. 그렇게 되면 종교를 믿지 않는 사람보다 더 어리석어지고 맙니다. 의심하지 않고 탐구하지 않는 사람에게 종교는 굉장히 위험한 것이 될 수 있다고 생각합니다.

　　인도와 중국에서 생긴 종교를 '숲의 종교'라 하고, 유태교, 기독교, 이슬람고 등 사막 지역에서 생긴 종교를 '사막의 종교'라 합니다. 저는 불교와 유교는 물의 종교, 기독교와 이슬람교를 불의 종교로 정의하고 싶습니다. 같은 방식으로 정의한 사람은 아직 보지 못했습니다만, 제 평소 생각이기도 합니다.

　　인간 내면의 이성과 지성을 믿는 종교는 물의 종교이고, 신과 같은 외부의 힘을 믿는 종교는 불의 종교입니다. 물의 종교가 상대적으로 정적(靜的)이라면, 불의 종교는 훨씬 동적(動的)이고 정열적입니다. 이 차이는 굉장히 큽니다.

　　불교와 유교는 자신과 세상을 관찰함으로써 진리를 알아내고, 그 과정을 통해 내면의 평화를 얻고자 합니다. 반면에 신을 믿는 종교는 기도를 통해 접신(接神)한 영적 지도자의 말을 따라 천국에 가고자 합니다. 여기서 접신이라는 말을 썼다고 해서 무당을 떠올리실 필요는 없습니다. 불의 종교에서는 실제로 교주가 신을 만났다는 기록이 반드시 있습니다.

　　우리나라 근세의 신흥 종교들을 보아도 이 구분은 크

게 어긋나지 않습니다. 동학(천도교)과 증산교(대순진리회)는 불의 종교로 볼 수 있고, 원불교는 물의 종교로 분류할 수 있습니다. 수운 최제우가 하늘의 소리를 들었다고 전하는 대목 역시, 불의 종교가 작동하는 전형적인 방식입니다.

　불교와 유교에서는 '생명'이라는 말을 직접 사용하지는 않습니다. 하지만 천명지성(天命之性), 공자(孔子)가 말한 인(仁), 불교에서 말하는 진여(眞如)와 불성(佛性) 같은 말은 모두 생명의 실상을 함축하여 표현하고 있습니다. 즉 이러한 말들에는 생명은 개체이면서 전체이므로, 개체를 넘어서 전체를 알 때 참된 생명이 살아난다는 뜻을 담고 있습니다.

　생명은 확장하기를 좋아하는 속성이 있습니다. 나무를 보아도 그렇고, 동물들의 삶을 보아도 그렇습니다. 동물의 삶을 아주 거칠게 말하면, 번식입니다. 이런 점에서 유교는 매우 과학적인 생명관을 가지고 있다고 할 수 있습니다. 유교에서도 영생을 말하지만, 그 영생은 내세의 영생이 아니라 자식을 통해 이어지는 생명의 연속입니다. 자식을 낳지 못하면 조상에게 죄를 짓는다고 말한 배경도 여기에 있을겁니다. 그 과정에서 여성들이 겪은 고통은 분명한 문제였지만, 생명을 바라보는 구조 자체는 매우 현실적입니다.

붓다(佛陀)의 원음을 따르는 초기 불교는, 종교라기보다는 사실상 수행 공동체에 가깝습니다. 초기 불교 경전은 붓다가 입멸한 뒤 수백 년이 지나 기록되었지만, 그 전승 방식은 매우 엄격했습니다. 여러 사람이 공식적으로 모여 외워서 전승하는 것은, 기록보다 더 좋은 방법입니다.

초기 불교는 자신과 세계를 분석하고 해체함으로써 존재의 실상을 알라고 합니다. 현상을 관찰하기 위해 삼매(三昧, 정신 집중)가 필요할 뿐, 불가지(不可知)의 신비적인 요소는 거의 없습니다. 저는 그래서 초기 불교를 완전한 물의 종교라고 부릅니다. 과학자들이 초기 불교를 좋아하는 이유도 여기에 있습니다.

불의 종교에 있는 강력한 외부의 힘, 즉 '구원' 사상이 물의 종교인 불교에 본격적으로 들어온 것은 붓다가 입멸한 지 약 500년쯤 지난 뒤, 대승불교(大乘佛敎)가 형성되면서입니다. 이때 구원자로서 불보살(佛菩薩)이 등장합니

다. 하지만 저는 이 불보살들도 결국은 우주 생명을 상징
한다고 봅니다. 솔직히 말씀드리면, 진여나 공, 우주의 실
상 같은 말만으로는 사람들이 잘 모이지 않습니다. "누가
너를 구원해 준다"는 이야기가 있어야 교단이 생깁니다.
교단이 생기면, 그때부터는 부정과 문제가 따라오는 경우
가 많습니다.

　이 점에서 유교나 주자학은 굉장히 특이합니다. 교단
이 없기 때문에 상대적으로 문제가 적습니다. 우리나라에
공자교(孔子敎)가 생긴 것도 사실 오래되지 않았습니다. 중
국의 강유위(康有爲)가 만든 공자교의 영향을 받아, 일제강
점기 무렵 우리나라 지식인들 가운데 이를 따르는 사람들
이 생겼습니다. 교단이 형성되자, 공자를 유교의 유일한
교주로 숭배하는 현상이 나타났습니다. 이처럼 교단이 형
성되면 종교는 빠르게 변질됩니다.

　대승불교의 대표적인 부처인 정토종의 아미타불과
『화엄경(華嚴經)』의 비로자나불은 인격신이 아니라 우주의
생명을 뜻한다고 볼 수 있습니다. 아미타불은 무량수(無量
壽佛)·무량광불(無量光佛), 또는 법계장신(法界藏身)으로 일

컬어지며, 비로자나불(毘盧遮那佛, 산스크리트어 Vairocana, 팔리어 Virocana)은 우주 법신불(法身佛)로, 대일여래(大日如來)로 일컬어집니다. 무량수와 무량광은 한량없는 수명과 광명으로 우주 생명의 실상을 뜻하고, 법계장신이란 우주에 편재(遍在)하는 법신(法身)이라는 말로 역시 우주의 실상을 뜻하며, 대일여래는 자구 생명의 원천인 태양을 상징합니다.

선(禪)불교에 이르면 불의 종교적 요소는 거의 사라집니다. 임제(臨濟) 선사가 말한 '무위진인(無位眞人), 형상 없는 참사람'이야말로 생명의 실상을 아주 활발발(活潑潑)하게 표현한 개념입니다. 임제 선사는 부처가 밖에 있는 게 아니라, 네 몸에서 눈으로, 입으로 드나들고 있으니 잘 보라고 말합니다. 너희 생명이 바로 부처라는 겁니다. 선종 가운데 가장 활동적인 임제종이 가장 오래 명맥을 이어온 것도, 사람들이 대체로 동적인 종교에 끌리기 때문일 것입니다. 뭔가 있어 보이니까요.

상제(上帝)를 인정하는 선진 유가(先秦儒家)는 물의 종교와 불의 종교가 결합한 것입니다. 그런데 송대(宋代)에 와서 정이(程頤)가 "하늘은 곧 리(理)다"라고 선언한 이후,

유교에서 불의 종교적 요소는 거의 사라집니다. 하늘은 더이상 인격신이 아니라, 원리로 이해됩니다.

근세 일본의 종교 단체 '생명의 집(生命の家)' 교주 다니구치 마사하루(1893~1985, 谷口雅春)의 『생명의 실상(生命の實相)』은 불의 종교를 물의 종교에 접목한 사례라고 저는 봅니다. 그 책에 '적광(寂光)을 넘어서'라는 표현이 나옵니다. 적광은 비로자나불의 광명, 번뇌가 사라진 열반을 뜻합니다. 그런데 적광을 넘어서 신의 권능을 말하겠다는 건, 고요한 열반만으로는 부족하다는 생각이 깔려 있는 겁니다. 저는 이것을 신교(神敎)를 불교로 희석하여 합리화한 사례로 봅니다.

유교의 리학(理學)과 불교의 화엄(華嚴)·선(禪)은 물의 종교의 전형입니다. 문제는 물의 종교가 수행자나 학자가 아닌 일반 대중에게는 굉장히 어렵다는 점입니다. 왜냐하면 물의 종교는 인간의 욕망과 정면으로 배치되기 때문입니다. 욕망을 쉬어야 보인다고 말하는 종교가 쉽게 받아들여질 리가 없습니다. 반면 불의 종교는 믿고 따르기는 쉽습니다. 대신 비판 의식을 막기 때문에 위험성도 큽니다.

4. 우리가 아는 진리는 실상(實相)이 아니다

생명은 현상이 아닙니다. 생명이 움직일 때 우리는 현상을 통하여 생명을 감지할 수 있을 뿐입니다. 우리가 진리로 알고 있는 언어들은 현상을 설명하는 수단일 뿐입니다. 우리가 진리라고 철석같이 믿고 있는 물리학이나 철학의 정의도 결코 진리의 실상을 보여주지는 못합니다. 장래 진리를 더 잘 설명하는 말이 나오면 바뀔 것입니다.

　　말을 진리로 알고 그대로 받아들여 믿어버리면, 실상을 알고자 하는 노력이 사라집니다. 우리가 말을 통하여 진리를 찾는다는 것은, 캄캄한 밤중에 본 적이 없는 물건을 손으로 더듬어 가며 추측하는 것과 같습니다. 그럴 수밖에 없습니다. 그런데 그 추측을 확정된 진리라고 걷어버리면, 거기서부터 도그마가 시작됩니다.

　　유클리드 기하학에서 "점은 부분이 없는 것이다."라고 정의하였습니다. 그렇다면 점은 모든 곳에 있되 지정하지 않으면 나타나지 않는다고 할 수 있습니다. 이 정의는 우리가 다루는 개념이라는 것이 어떤 성격을 가지고 있는

지를 잘 보여 줍니다. 인간이 이룩한 종교와 학문은 사실 빈 공간(空)에 시작점과 끝점을 임의로 찍고 선을 그어서 도면을 그려놓은 것과 같습니다. 그 도면은 분명 유용합니다. 그러나 그 도면을 그대로 진리로 알면 도그마에 빠집니다.

이 점을 아주 분명하게 말해 주는 구절이 있습니다.

> 1) 아뇩다라삼먁삼보리라고 이름할 만한 정해진 법이 없으며, 또한 여래가 설했다고 할 일정한 법도 없다.[無有定法名阿耨多羅三藐三菩提 亦無有定法如來可說]
>
> ── 〈금강경 무득무설분(無得無說分)〉

이 말은, '이것이 진리다'라고 이름 붙일 수 있는 고정된 법은 없다는 뜻입니다. 여래가 설한 말조차도, 그 말을 그대로 붙잡아서는 안 된다는 이야기입니다.

비슷한 말이 『주역』의 「계사전(繫辭傳)」에도 나옵니다.

2) 천하가 무엇을 생각하리오. 천하가 같은 데로 돌아가되 길은 다르며, 진리는 하나이나 생각은 백 가지이니, 천하가 무엇을 생각하리오.[天下何思何慮 天下同歸而殊塗 一致而百慮 天下何思何慮]

＿〈주역 계사전(繫辭傳)〉

돌아가는 곳은 하나인데, 길은 다르고, 생각은 백 가지라는 말입니다. 그런데 우리는 자꾸 자기 생각 하나를 붙잡고, 그것이 유일한 진리인 것처럼 주장합니다.

지식은 실상을 직접 보여주지는 못합니다. 그렇다고 해서 지적 탐구를 하지 않고 깨달음이나 절대 존재에만 의지해 버리면, 그건 무지에 빠지는 길입니다. 무지 상태에서는 당장은 마음의 분열이 멈춘 것처럼 느껴질 수 있습니다. 하지만 그 상태에서는 눈앞의 위험을 보지 못하게 됩니다. 지식을 말 그대로 받아들이기만 해서는 안 되고, 지식을 통하여 실상을 확인하고자 해야 합니다. 붓다가 말한 자내증(自內證), 자등명(自燈明)이 바로 이것을 말합니다.

초기 불교 경전을 보다 보면 이런 태도가 아주 분명하게 드러나는 장면이 나옵니다. 붓다가 자신의 수제자인 사리불(舍利弗)에게 설법을 한 뒤 묻습니다. "내 말을 믿겠느냐." 그때 사리불은 "아직은 믿지 못하겠습니다."라고 대답합니다. 다른 종교였다면 문제가 될 수도 있는 말입니다. 그러나 붓다는 그 말을 꾸짖지 않습니다. 말을 듣고 믿는 것은 아직 남의 생각을 따르는 것이고, 진짜 앎은 자기 안에서 확인될 때 생긴다는 태도이기 때문입니다.

이 점에서 저는 농사 이야기를 자주 떠올립니다. 누가 농사를 이렇게 지으라고 아무리 자세히 설명해 줘도, 실제로 땅을 갈고 씨를 뿌려보지 않으면 감이 생기지 않습니다. 매뉴얼대로 한다고 해서 다 되는 게 아닙니다. 지식은 방향을 알려 줄 수는 있지만, 실상은 결국 몸으로 확인해야 합니다.

붓다가 열반(涅槃)에 들기 전에 제자들에게 남긴 말도

같습니다. "자기 자신을 등불로 삼아라." 누구를 의지하지 말고, 자기 안에서 확인하라는 말입니다.

5. 불교와 『주역』은 과학과 대화할 수 있다

이 장의 내용은 다소 의외로 들릴 수도 있겠습니다. 흔히 과학과 종교를 완전히 다른 세계로 생각하지 않습니까? 과학은 이성이고, 종교는 믿음이다, 이렇게 딱 나누는 경우가 많습니다. 하지만 이렇게 단순하게 나눌 수 있는 문제는 아니라고 생각합니다.

아인슈타인은 "과학이 없는 종교는 절름발이이고 종교가 없는 과학은 맹인이다."라고 했습니다. 이 말이 정확히 언제 어떤 맥락에서 나왔는지에 대해서는 여러 설이 있지만, 문장이 담고 있는 뜻 자체는 굉장히 정확하다고 느껴집니다.

현상을 파고들어서 내용과 원리를 밝힘으로써 인간의 삶을 윤택하게 하고자 하는 것이 과학이라면, 종교는 현상을 관찰하여 실상과 원인을 밝힘으로써 삶의 근원적인 문제를 해소하고자 하는 것입니다. 우리가 지금 누리고 있는 편리함은 대부분 과학 덕분입니다. 다만 과학은 '어떻게'에 대해서는 점점 더 정교해지지만, '왜'라는 질문에는 한계가 있습니다. 왜 존재하는가, 왜 이렇게 살아야 하는가 하는 문제는 과학의 언어만으로는 다루기 어렵습니다.

동양학은 직관에 많이 의존하고 서양 학문처럼 정교한 논리체계를 구축하지 않기 때문에 범범하고 모호하게 보일 수 있습니다. 그런데 원리를 현실에 적용했을 때 오류에 빠지는 일은 오히려 더 적습니다. 저는 이 점이 동양학의 큰 장점이라고 느낍니다. 인간의 번뇌나 삶의 문제를 다루는 데에는 지나치게 정교한 이론보다, 방향이 분명한 관점이 더 중요할 때가 많기 때문입니다.

『능엄경(楞嚴經)』에서는 세(世)는 시간, 계(界)는 공간이라고 하였습니다. 또 『장자』에서는 우(宇)는 공간, 주(宙)는 시간이라고 하였습니다. 이미 이때 시간과 공간을 독립된 실체가 아니라, 관계와 변화의 맥락에서 이해하고 있었던 것입니다.

니까야(Nikāya)의 『세기경(世記經)』에서는 우주가 한 번 생성되고 끝나는 것이 아니라, 팽창과 수축을 반복한다고 말하였습니다. 우주도 확정된 실체가 아니라, 하나의 생명체로서 연기하여 변화한다고 본 것입니다. 오늘날 과학이 말하는 우주의 팽창과 수축 이론을 떠올리게 하는 대목이기도 합니다.

『주역』의 음양(陰陽) 이론은 현대과학에 거의 부합합니다. 음과 양은 서로 대립하여 싸우는 것이 아니라, 함께 움직이며 변합니다. 고정된 것은 없고, 관계와 변화만이 있을 뿐입니다.

아인슈타인은 일본 최초의 노벨상 수상자인 유카와 히데키의 말을 듣고 불경을 읽어 연기, 공을 보고는 이렇게 말했습니다.

"나를 현대과학의 아버지라 하지만 과학의 아버지는 석가모니다."
"21세기 과학에 가장 부응하는 종교는 불교다."
"내게 신이라는 단어는 인간의 나약함을 표현한 결과물로 느껴진다."

"인간의 본질적 한계를 깨닫고 물질적 욕망을 버린 무욕의 세계로 갔을 때, 우리는 조화로운 삶의 궁극에 도달할 수 있다."

이 말들이 실제 어록이냐 아니냐를 떠나서, 이런 말이 나올 수밖에 없는 배경은 분명합니다. 불교의 연기 사상은 현대 과학이 말하는 상대성의 사고방식과 닮아 있습니다. 독립적으로 존재하는 것은 없고, 모든 것은 관계 속에서만 성립한다는 생각입니다.

1922년 노벨물리학상을 받으러 간 한 과학자가 있습니다. 그는 시상식장에 직접 디자인한 태극 문양을 넣은 가문의 문장(紋章)을 새긴 옷을 입고 나타났다고 합니다.

바로 '양자론의 아버지'로 일컬어지는 덴마크의 물리학자 닐스 보어(Niels Bohr, 1885~1962)가 그 주인공이었지요. 그 문장에는 다음의 라틴어 문구가 적혀 있었습니다.

DONÈ NIELS HENRIK DAVID BOHR
DIE XVII OCTOBRIS AN: MCMXMVII
CONTRARIA SUNT COMPLEMENTA

이 문구는 닐스 보어 양자론의 상보성 원리를 상징합니다. 입자와 파동은 서로 다른 것이 아니라, 상황에 따라 다르게 드러나는 하나의 실상이라는 것입니다. 『주역』의 음양 이론과 부합합니다. 음과 양은 서로를 부정하는 것이 아니라, 서로를 보완하면서 하나의 전체를 이룹니다.

이야기가 여기까지 오면, 이런 질문이 나옵니다. '불교나 『주역』이 과학을 대신할 수 있는가?'라는 거지요. 저는 그런 이야기를 하고자 함이 아닙니다. 과학은 과학대로, 종교는 종교대로 자기 역할이 있습니다. 다만 서로 전혀 다른 언어를 쓰는 것처럼 보이지만, 깊이 들어가 보면 같은 문제를 다른 층위에서 다루고 있을 뿐입니다.

서양의 사상가들 가운데에서도 불교에서 영감을 받은 이들이 적지 않습니다. 쇼펜하우어, 니체, 하이데거 등이 그렇습니다. 또 20세기를 대표하는 지성으로 종교를 부정했던 버트런드 러셀도, 종교 가운데 하나를 택해야 한다면 초기불교가 가장 좋다고 하였다고 전해집니다.

이런 말들을 종합해 보면, 불교와 『주역』은 과학과 싸울 필요가 없습니다. 과학을 부정할 이유도 없습니다. 오히려 오래전부터 과학과 대화할 수 있는 언어를 이미 갖추고 있었다고 말할 수 있습니다.

6. 나는 누구인가

가장 어려운 이야기가 아닐까 합니다. 사실 오늘 강연 전체를 통틀어서, 이 질문이 제일 어렵습니다. "나는 누구인가." 너무 익숙한 질문이라 가볍게 들릴 수도 있지만, 저는 결코 가볍다고 생각해 본 적이 없습니다. 오히려 너무 무거워서, 사람들 대부분이 정면으로 마주하지 않으려고 피하는 질문이라고 느낍니다.

이 질문을 설명할 때 저는 이 이야기를 먼저 꺼냅니다. 당나라 때 선사인 앙산 혜적(仰山慧寂)과 삼성 혜연(三聖慧然)의 문답입니다.

앙산 혜적 선사가 삼성 혜연에게 물었다.
"네 이름이 무엇이냐?"
삼성이 대답하였다.
"혜적입니다."

이 대화를 겉으로 보면 말이 안 됩니다. 자기 이름이 있는데 왜 남의 이름이 자기 이름이 되는가 하는 의문이 들 수 있습니다. 하지만 문답의 의미는 분명합니다. 생명의 실상에는 본래 정해진 이름이 없다는 것입니다.

달라이 라마는 자신에게 '달라이 라마'라 칭하는 사람에게 "나는 달라이 라마가 아닙니다."라고 말하였습니다. 이 말도 같은 맥락입니다. 이름이나 직함은 사회적으로 붙여진 표지일 뿐, 실상 그 자체는 아니라는 뜻입니다.

불교에서 말하는 무아(無我)니 공(空)이니 하는 말도 오해되기 쉽습니다. 무아나 공은 아무것도 없다는 말이 아닙니다. '나'라고 할 것이 없다는 말입니다. 붙잡아 둘 수 있는 고정된 자아가 없다는 뜻입니다.

이 이야기를 물리학 쪽에서 보면 또 다른 예가 나옵니다. 천재 물리학자 리처드 파인만(Richard P. Feynman)은 인류의 모든 문명이 멸절(滅絶)했을 때 한 마디 남길 말을 남긴다면 '우주는 원자로 되어 있다.'라고 하겠다고 하였습니다. 물리학자다운 아주 간명한 말입니다. 우주가 원자로 되어 있다는 것은 과학이 증명한 진리입니다.

그러나 문제는 원자로 구성된 우주를 보고 있는 자를 어떻게 할 것인가 하는 것입니다. 보는 자가 곧 브라흐만과 같은 우주 의식이라면, 보는 자가 오히려 우주의 주인이 아니겠습니까? 이건 종교적 상상이 아니라, 논리적으로 던질 수 있는 질문입니다. 지금 이 자리에 앉아 제가 말하고 여러분이 듣고 있는 것도, 결국은 '보는 자'가 있기 때문에 가능한 일입니다.

『원각경』에서는 다음과 같이 말합니다.

우리는 마음을 떠나서 우주를 직접 보는 방법이 없습
니다. 언제나 마음을 통해서만 봅니다.

임제 의현(臨濟義玄, ?~867)은 이렇게 말하였습니다.

여기서 일척안(一隻眼)은 마혜수라(麻醯首羅)의 이마에
있는 눈으로, 마음의 눈인 심안(心眼)을 뜻합니다. 곧 보는
자와 보이는 것이 둘이 아니라는 뜻입니다.

『주역』「설괘전(說卦傳)」에서는 다음과 같이 말합니다.

여기서 말하는 신은 인격신이 아닙니다. 태극의 다른 명칭입니다. 그런데 왜 태극이나 리(理)라고 하지 않고, 신이라고 했을까요. 우주를 만들고 만물을 운행하는 주체임을 표현하기 위해서입니다. 신은 만물에 내재하여 만물과 둘이 아니므로, 만물과 떼어서 그 모습을 볼 수 없습니다. 그래서 묘(妙)라는 말을 씁니다. 묘는 유(有)로도 무(無)로도 정의할 수 없을 때 쓰는 말입니다.

『주역』의 ‘신’과 ‘묘’라는 말은, 생명의 실상을 아주 절묘하게 표현하고 있습니다.

이제 다시 처음 질문으로 돌아옵니다. “나는 누구인가.” 우리가 흔히 말하는 나는 이름, 직업, 사회적 지위, 역할 같은 것들입니다. 그런데 이런 것들은 모두 현상입니다. 붙었다가 떨어질 수 있는 것들입니다. 실상에서 보면,

고정된 나는 없습니다.

그래서 불교에서는 보는 자와 보이는 것을 둘로 나누지 않습니다. 주체와 객체를 나누는 순간, 이미 실상에서 벗어났다고 보기 때문입니다. 『주역』과 불교가 만나는 지점도 바로 여기입니다. 보는 자와 보이는 것은 둘이 아니라는 생각입니다.

이 이야기가 불편하게 느껴질 수도 있습니다. "그럼 나는 없다는 말이냐"라고 묻고 싶어질 수도 있습니다. 그런데 고정된 자아가 없다는 것을 어느 정도라도 받아들이면, 자기를 붙잡으려는 힘이 조금 느슨해집니다. 자기를 증명하려는 집착이 약해지고, 그만큼 삶은 가벼워질 수 있습니다.

7. 불이(不二)와 일이이(一而二)

조금 더 추상적인 이야기로 들어가겠습니다. 추상적이라고 해서 현실과 먼 이야기는 아닙니다. 오히려 우리가 매일 부딪히는 문제의 뿌리에 가까운 이야기입니다. 불교와 리학에서 자주 쓰는 말 가운데, 오늘 강연의 핵심이 되는 표현이 바로 불이(不二)와 일이이(一而二)입니다.

보는 자와 보이는 것의 관계, 존재들 각각의 상호 관계를 불교와 리학에서는 불이(不二), 일이이(一而二), 이이일(二而一), 일즉다(一卽多), 다즉일(多卽一)로 설명합니다.

하나씩 살펴보도록 하지요.

1) 불이(不二)

먼저 불이입니다. 불이는 '둘이 아니다'라는 뜻입니다.『유마경(維摩經)』「입불이법문품(入不二法門品)」에서 문수보살이 불이법문을 묻자, 유마힐(維摩詰) 거사는 아무 말도 하지 않고 침묵으로 답합니다. 왜 침묵했겠습니까? 유다, 무다, 하나다, 둘이다라고 말하는 순간 이미 설명이 되지 않기 때문입니다. 하나도 아니고 둘도 아니라고 하면 말로는 붙잡을 수가 없습니다.

『화엄경(華嚴經)』「입법계품(入法界品)」에는 다음과 같은 말이 나옵니다.

"일체의 법이 둘이 아니다.[一切法不二]"

또 용수(龍樹)의 『중론(中論)』에는 이렇게 말합니다.

"하나도 아니요 다른 것도 아니다.[不一亦不異]"

『중론』은 특히 인식의 문제를 깊이 파고드는 논의에 가깝습니다. 이 구조를 설명할 때면 거울의 비유를 자주 듭니다. 거울 안에 비친 대상은 생각으로 식별하여 나누기

전에는, 거울과 대상, 또는 거울에 비친 여러 형상들이 둘이 아닙니다. 생각을 일으켜 "이것은 거울이고 저것은 대상이다"라고 나누는 순간 둘이 됩니다.

이를 물에 비유해도 마찬가지입니다. 바다에 파도가 일어날 때, 물결 하나만 가리키면 그것이 전체입니다. 물결 하나가 곧 바다 전체와 다르지 않습니다. 실상의 상태에서는 한계선이라는 것이 없습니다. 우리가 잘 믿지 못하는 이유는 한계선이 그어지지 않은 상태를 인식하지 못하기 때문입니다.

생각해 보면, 내가 있고 네가 있으면서도 내 안에 담긴 우주를 네 안에도 담고 있다는 것이 참 신기합니다. 우주 먼지라 할 나의 마음이 우주를 담으며, 눈앞의 우주 먼지의 마음이 다시 나를 담고 있다는 사실이 믿어집니까?

2) 일이이(一而二)

다음은 일이이입니다. 『주자어류(朱子語類)』에는 다음과 같은 구절이 나옵니다.

"태극은 단지 음양 가운데 있으니 음양을 떠날 수 있는 것은 아니다. 그러나 태극을 논함에 이르러 서는 태극은 자체로 태극이요 음양은 자체로 음양이다. 성(性)과 심(心)도 마찬가지이니 이른바 하나이면서 둘이요 둘이면서 하나인 것이다."
[太極只在陰陽之中 非能離陰陽也 然至論太極自是太極 陰陽自是陰陽 惟性與心亦然 所謂一而二二而一也]

태극과 음양은 곧 리(理)와 기(氣)입니다. 주자는 "성(性)은 태극과 같고 심(心)은 음양과 같다."라고 말합니다. 이 논리를 불교로 가져오면, 보는 자와 보이는 것, 또는 진제(眞諦, 진여)와 속제(俗諦, 현상)로 설명할 수 있습니다.

만약 리와 기가 서로 완전히 별개라면, 그 사이에서 변화가 일어날 수 있겠습니까? 떨어져 서 있는 전봇대 두 개처럼, 원래 둘인 물체는 아무리 오랜 세월 마주 보고 있

 동아시아미래가치연구소 **생명학 CLASS 06**

어도 서로 교감할 수 없습니다. 둘 사이에서 생명 현상은 일어나지 않습니다. 생명 현상은 반드시 둘이면서 하나일 때 일어납니다. 여기서 강의하고 듣는 관계 역시 둘이면서 하나이기 때문에 가능합니다.

하나이면서 둘이라면, 현상은 둘로 나타나 생성하고 소멸하지만, 하나인 실상은 응당 여여(如如)할 것입니다. 여여란 변하지 않는다는 뜻이 아니라, 변화 속에서도 변하지 않는 자리를 말합니다. 불교에서 삶과 죽음의 두려움을 넘는다는 것도, 바로 이 여여한 자리를 변화 속에서 보는 것을 말합니다.

『주역(周易)』의 역(易)은 일원(一元)의 기(氣)가 움직여 변역함으로써 현상계를 연출하는 과정을 뜻합니다. 음과 양은 둘이 아니라, 동전의 양면처럼 하나이면서 둘로 나타납니다. 예를 들어 곤괘(坤卦, ䷁)는 여섯 효가 모두 음(--)으로 보이고, 건괘(乾卦, ䷀)는 여섯 효가 모두 양(—)으로 보입니다. 그러나 보이지 않는 자리에는 항상 반대가 함께 들어 있습니다. 앞면만 있는 동전이 있을 수 없는 것과 같습니다.

자, 왜 둘로 나타나겠습니까? 둘로 나타나지 않으면 변화할 수 없고, 인식될 수 없기 때문입니다. 변화하는 것은 반드시 하나이면서 둘일 수밖에 없습니다.

만물의 근본이 하나라는 말은 동양학에서 흔히 사용해 왔습니다. 우주가 하나의 점이 폭발하여 벌어졌다는 빅뱅 이론도 이런 점에서 개연성이 있습니다. 우주가 끝없이 팽창하지만, 본래 하나가 둘로 나뉘고 또 나뉘었기 때문에 근본은 하나입니다. 근본이 하나가 아니라면, A가 B를 보고 B가 A를 본다는 것은 두 개의 우주가 서로 마주 보고 있는 것처럼 이상한 일이 됩니다. 그런데 우리는 이 일을 이상하게 느끼지 않습니다.

유물론의 주장처럼 의식(마음)이 물질에서 나왔다면, 그 작동 원리는 물질을 벗어날 수 없습니다. 그렇다면 우주의 한 점에 불과한 의식이, 자기가 나온 곳인 물질과 더 나아가 거대한 우주 전체를 다시 인식할 수 있다는 것은 설명하기 어렵습니다.

지구뿐만 아니라 태양계도 궤도를 따라 무시무시한 속도로 선회하고 있고, 은하계도 선회하고 있습니다. 이 모든 것이 움직이고 있는데, 움직이지 않는 것이 하나 있습니다. 바로 보는 자, 의식입니다. 만약 보는 자마저 함께 움직인다면, 움직임을 정확히 인식할 수 없을 것입니다. 달리는 열차 안에서는 달리고 있다는 사실을 느끼기 어려운 것과 같습니다.

보는 자가 없다면 인간은 그야말로 우주 먼지로서 주어진 궤도를 돌 뿐입니다. 발전하거나 성찰할 가능성도 없습니다. 여기서 말하는 불이와 일이이는, 머릿속 개념이 아니라 우리가 세계를 인식하고 살아가는 가장 근본적인 구조입니다.

이제 7장을 마쳤으니, 8장으로 넘어가기 전에 잠깐 숨을 고르며 여담 하나를 덧붙이고자 합니다. 사실 어떤 한 장만 가지고도 몇 시간은 더 이야기할 수 있는데, 제가 범위를 넓히다 보니 너무 많은 이야기를 한 것 같다는 생각이 듭니다. 쉬는 김에, 정리 겸해서 드리는 이야기라고 생각하시면 좋겠습니다.

서양 학자들이 태국이나 버마 같은 지역에 와서 현지

승려들과 대담하는 모습을 보면, 왜 우리가 그들에게 논쟁에서 밀리는지 알 것 같습니다. 그분들은 자기에게 꼭 필요한 것을 아주 정확하게 묻습니다. 하나하나 따져 묻듯이 말이지요. 반면 동양권에서는 질문 하나를 던질 때조차 '이 질문이 혹시 우습게 보이지는 않을까' 하는 생각을 먼저 하게 됩니다. 예(禮)라는 문화 때문이기도 합니다.

서양 학문은 대체로 논리적으로 풀어내는 데 익숙합니다. 동양 학문은 설명보다는 실제의 맥락을 엮어 직관적으로 이해하려는 경향이 강합니다. 어떤 학자는 이를 상업 문화와 농업 문화의 차이에서 비롯된 것이라고 설명하기도 합니다. 농업은 현장에서 직접 느끼는 것이 중요하고, 상업은 타인의 마음을 읽는 능력이 중요하다는 점에서 비롯된 차이라는 것이지요. 그래서 동양에서는 인식론이 충분히 발달하지 못했다는 평가도 나옵니다.

개인적인 이야기를 하나 덧붙이자면 이렇습니다. 젊었을 때 저는 참선을 하면서 선사들을 거의 의심 없이 믿고 따랐습니다. 그런데 나이가 들고 나니, 가장 신뢰했던 인물 중 한 분이 실은 상당 부분 허구에 기대고 있었다는 것을 알게 되었습니다. 그럼에도 그분은 지금껏 거의 생불처럼 떠받들어지고 있습니다.

사람들은 허구를 좋아합니다. 돌이켜보면 저 역시 그 당시에는 허욕이 많았던 것 같습니다. 사람들은 스스로를 '구도욕'이라고 말하지만, 실상은 허욕인 경우가 많습니다. 이상하게도 힘이 빠지고 열정이 사그라들 때에야 비로소 무엇이 정확한지 보이기 시작합니다. 한창 열정적일 때는 오히려 보이지 않습니다.

라오스 속담에 이런 말이 있다고 합니다.

"환락과 쾌락의 수레바퀴는 멈췄다. 이제 곧 어둠이 내릴 것이다. 긴 여행을 끝내기에는 너무 늦지 않았는가."

이 말은 우리가 끊임없이 환락과 쾌락을 좇는 동안에는 괜찮지만, 육체적으로든 물질적으로든 그 만족이 끝나는 순간이 반드시 온다는 뜻입니다. 그때 과연 우리는 마음의 안정을 찾을 수 있느냐는 질문이지요. 따라서 눈에는 보이지 않지만, 우리는 마음의 근육을 키우지 않으면 안 됩니다.

조금 더 참고, 조금 더 깊이 보려는 노력, 남의 말에만 기대지 않고 스스로 확인하려는 태도, 이런 것들이 모두 마음의 근육이자 지혜입니다. 그렇지 않으면 언젠가 혼자가 되었을 때, 견딜 수 없이 외로워질지도 모릅니다.

저 역시 정년을 몇 년 앞두고 일을 그만두었습니다. 건강 문제도 있었지만, 늦게 그만둘수록 더 황야에 버려진 느낌이 들 것 같다는 생각이 컸습니다. 다리에 힘이 있을 때, 아직 움직일 수 있을 때 스스로를 단련하는 편이 낫겠다고 판단했습니다.

저는 종교를 단순히 "열심히 믿어서 천국이나 극락에 가겠다"는 식으로 이해하는 태도에는 동의하지 않습니다. 그런 식의 믿음은 허상만 키울 뿐이며, 만약 그것이 가능하다면 우주의 질서 자체가 무너질 것입니다. 종교나 철학은 나 자신과 끊임없이 접목해 확인하는 과정이어야 하고,

그 자체가 지혜입니다.

사람들은 죽음을 몹시 두려워하지만, 죽음조차 하나의 유행이 되면 쉽게 따라간다는 말도 있습니다. 마음이라는 것이 그만큼 약하다는 뜻이지요. 그래서 죽음을 단번에 극복하겠다는 생각, 수행만 하면 삶과 죽음을 초월할 수 있다는 믿음에는 저는 더 이상 동의하지 않습니다.

예전에 어떤 선사에게 "수행을 많이 하면 삶과 죽음을 벗어날 수 있습니까?"라고 묻자, 그 선사는 "내가 죽을 때 대답해 주겠다"고 말했다고 합니다. 그 말의 뜻은 분명합니다. 그런 것은 없다는 이야기지요.

결국 종교나 철학을 대할 때 가장 경계해야 할 것은 '나만 남들과 다른 사람이 되겠다'는 마음입니다. 그 순간 우리는 가짜 선지식을 의지하게 되고, 듣고 싶은 말만 듣게 됩니다. 그것이 허구일지라도 욕구에 맞으면 믿어버리게 되지요. 요즘 철학이나 불교 이야기가 난무하는데, 특히 깊이 없는 설법이나 콘텐츠가 넘쳐나는 현실을 보면 더욱 조심해야겠다는 생각이 듭니다.

자, 여담은 여기까지 하고, 8장을 이어가겠습니다.

8. 연기(緣起)와 역(易)

이제 저는 불교의 연기(緣起)와 『주역』의 역(易)을 함께 놓고 이야기해 보려고 합니다. 앞에서 불이(不二)와 일이이(一而二)를 이야기했는데, 연기와 역은 그 사유가 실제로 어떻게 작동하는지를 보여주는 개념입니다. 이론이 아니라, 움직임의 논리인 셈이지요.

우주를 가만히 보면, 거시세계든 미시세계든 한 가지 공통점이 있습니다. 서로 밀고 당기는 힘이 항상 함께 작용하고 있다는 점입니다. 인력(引力)과 척력(斥力), 끌림과 밀어냄이 그렇습니다. 어느 한쪽만 있으면 세계는 성립하지 않습니다.

우주는 거시세계와 미시세계 모두 인력과 척력 두 가지 힘이 서로 밀고 당기면서 존속하고 변화합니다.

1) 연기(緣起)

불교에서 연기를 설명할 때 가장 기본적으로 제시하는 정형구가 있습니다. 『잡아함경(雜阿含經)』에 나오는 말입니다.

이것이 있음으로 허서 저것이 있고

此有故彼有

이것이 생김으로 해서 저것이 생긴다

此生故彼生

이것이 없음으로 해서 저것이 없고

此無故彼無

이것이 사라짐으로 해서 저것이 멸한다

此滅故彼滅

—— 〈잡아함경(雜阿含經)〉

이 문장은 너무 자주 인용돼서 아무것도 아닌 말처럼 들릴 수도 있습니다만, 요지는 분명합니다. 모든 존재는 혼자서 결정되는 것이 아니라는 점입니다. 모든 것은 원인과 조건의 연속 속에서만 나타나고, 고정된 실체는 없습니다. 이 점에서 연기는 상대성의 사고방식과도 많이 닮아 있습니다.

붓다는 연기의 구조를 설명할 때 짚단 두 개가 서로 의지해 서 있는 모습으로 비유하였습니다. 한 개를 치우면 다른 한 개도 함께 쓰러집니다. 어느 하나도 혼자서는 설 수 없다는 뜻입니다.

여기서 이런 일화가 전해집니다.

한 승려가 묻기를 "어떤 것이 변천하지 않는 것입니까?" 하니, 선사(禪師)가 "해가 동쪽에서 떠서 밤에 서쪽에서 진다." 하였다. 또 한 승려가 앞의 질문을 하니, 선사가 이번에는 손으로 물이 흘러가는 시늉을 하였다.

불변의 진리를 물었는데, 변화하는 것을 보여준 것입니다. 이게 무슨 의미겠습니까? 변화하는 것이 곧 불변의 실상이라는 거지요. 변화하는 현상을 보고 있는 그 자리가 곧 불성이라고 말해도 틀리지 않습니다. 변화와 불변은 둘이 아닙니다. 어느 한쪽만 좋아하고, 어느 한쪽만 싫어하면 실상을 볼 수 없습니다.

2) 변역(變易)과 태극(太極)

이제 『주역』으로 넘어가 보겠습니다. 『주역』에서는 하나의 원기(元氣)가 움직여 양(陽)이 되고 음(陰)이 된다고 하였습니다. 우리가 팔을 굽혔다가 펴면, 굽히는 것은 음이고 펴는 것은 양입니다. 이런 식으로 현상계에서 벌어지는 모든 변화는 음양의 작용으로 설명할 수 있습니다.

『주역』의 「계사전(繫辭傳)」에는 다음과 같은 말이 나옵니다.

> 한 번 음(陰)하고 한 번 양(陽)함을 도(道)라 한다.[一陰一陽之謂道]

또 이어서 이렇게 말합니다.

역(易)에 태극(太極)이 있으니, 태극(太極)이 양의(兩儀)를 낳고 양의(兩儀)가 사상(四象)을 낳고 사상(四象)이 팔괘(八卦)를 낳는다.[易有太極 是生兩儀 兩儀生四象 四象生八卦]

이에 대해 『주역본의(周易本義)』에서는 다음과 같이 풀이합니다.

하나가 매양 둘을 낳음은 자연의 이치이다. 역(易)은 음양(陰陽)의 변화요, 태극(太極)은 그 이치이다.[一每生二 自然之理也 易者陰陽之變 太極者其理也]

여기서 하나는 태극입니다. 변화하는 현상 속에 변화

를 일으키는 여여(如如)한 실존인 주재자가 있다는 뜻입니다. 주돈이(周惇頤)의 『태극도설(太極圖說)』에서도 "태극이 양을 낳고 음을 낳는다."고 하였습니다.

우주는 왜 벌어지는가. 신 또는 태극이라는 이름이 붙여진 우주의 주재자가 자기를 표현하기 위해서라고밖에는 설명할 길이 없습니다. 저는 이렇게밖에 말할 수가 없습니다. 우주가 왜 생겼느냐를 끝까지 밀고 들어가면, 신이 있다면 신이 자기 얼굴을 보기 위해 만들었다는 설명 말고는 달리 할 말이 없기 때문입니다.

현상계에 홀로 존재하는 것은 없습니다. 하나뿐이면 인식될 수 없습니다. 따라서 존재했다 하면 반드시 둘로 나타납니다. 우주의 주재자도 현상계의 존재가 되려면 둘로 모습을 드러낼 수밖에 없습니다. 그래서 신(또는 의식)이 우주를 만들고, 태극이 음양을 만들어서, 마치 거울 속의 자기 모습을 보듯이 자기를 본다는 설명이 나옵니다. 보는 자와 보이는 것이 나뉘는 까닭은 이렇게 설명할 수밖에 달리 방법이 없습니다.

9. 생명의 근원을 보는 두 가지 눈

생명은 하나이면서 둘입니다. 그래서 둘로 나뉘고, 다시 둘로 나뉘어 다양한 현상으로 펼쳐집니다. 불교에서는 현상이 아무리 다양하게 보이더라도 실상은 공(空)한 진여(眞如), 곧 불성일 뿐이라고 말합니다. 반면 리학에서는 이 다양한 현상들이 유일한 실존인 태극에서 나왔다고 설명합니다. 말은 다르지만, 가리키는 자리는 같습니다.

자연 현상에서 생명을 가장 생생하게 느낄 수 있는 것은 봄꽃이 필 때입니다. 그래서 저는 이 장에서 시를 몇 편 함께 보려고 합니다. 시는 설명보다 훨씬 정확하게 생명의 근원을 건드릴 때가 많기 때문입니다.

1) 야부 도천(冶父道川)의 시

꾀꼬리 제비 소리 다 같으니

鶯吟燕語皆相似

전삼삼과 후삼삼일랑 묻지를 말라

莫問前三與後三

복사꽃 빨갛고 오얏꽃 희고 장미 붉건만

桃紅李白薔薇紫

봄에게 물어봐도 봄 자신도 알지 못하네

問著東君自不知

전삼삼(前三三)과 후삼삼(後三三)은 당나라 때 므착(無著) 선사가 오대산에서 문수보살을 만났을 때의 일화에서 나온 말입니다. 대중이 얼마나 되느냐고 묻자 "앞에도 삼삼이고 뒤에도 삼삼이다[前三三 後三三]"라고 답했다는 이야기입니다. 여기서는 단지 숫자로 분별하는 것을 뜻합니다.

야부송은 『금강경』의 공(空)의 도리를 노래한 것입니다. 이 게송을 다시 풀이해 보자면 이렇습니다.

'일체의 현상이 하나의 생명인 진여를 드러내고 있으

니, 꾀꼬리 소리이건 제비 소리이건 분별하지 말라. 울긋
불긋 핀 꽃들도 실상은 공(空)하니, 이 꽃들이 왜 피었는지
봄 자신도 모른다.'

우리는 꽃이 피는 과정을 과학적으로 설명할 수 있
습니다. 씨를 심고, 발아하고, 광합성이 일어나고, 호르몬
이 작동해서 꽃이 핀다, 여기까지는 말할 수 있습니다. 하
지만 그 설명은 전부 현상에 대한 설명입니다. "왜"에 대한
답은 아닙니다. 야부는 꽃을 보면서, 현상 이면에 생명이
있음을 본 것입니다. 눈에 보이는 대상은 아니지만, 분명
히 있다는 것을 본 겁니다.

2) 주자(朱子)의 시

서쪽 들판에 봄빛 무르익었단 말 듣고
聞道西園春色深
서둘러 짚신을 신고 언덕에 올라가 보니

急穿芒屬去登臨

온갖 꽃들이 울긋불긋 다투어 피었건만

千葩萬蕊爭紅紫

이 조화 부린 우주의 마음을 뉘라서 알랴

誰識乾坤造化心

　주자가 말하는 우주의 마음은 태극입니다. 태극은 상대가 없는 절대적 실존이기 때문에 대상으로 인식할 수 없습니다. 단지 대상을 통해서 감지하고 확인할 수 있을 뿐입니다. 그래서 주자학과 불교는 대상에 집착하지 말고, 대상의 근본을 보라고 말합니다. 대상을 그대로 따라가면, 좋아하는 것은 사라지고 고통이 따르지만, 근본을 보면 진리에 가까워진다는 점에서 두 사상은 닮아 있습니다.

　야부와 주자는 고두 꽃이 핀 까닭을 모르겠다고 하였지만, 야부는 꽃에서 공(空)을 보았고, 주자는 리(理)를 보았습니다. 실상은 하나지만, 느낌은 생각을 거쳐 표출하므로 보는 자의 사상이 개입하여 언어가 달라진 것입니다. 수행이 깊은 사람이라 해도, 진리를 왜곡하지 않고 그대로 표현하기는 어렵습니다. 사람은 결국 자기가 보고 싶은 것을 보기 때문입니다. 그래서 자기를 비우고 진실하게 보려는 노력을 멈추지 않으면, 언제든 왜곡될 수 있습니다.

3) 출전 미상의 게송

원각산 가운데 한 그루 나무 생겼으니
圓覺山中生一樹
하늘과 땅 나뉘기 전에 꽃이 피었어라
開花天地未分前
푸른색도 흰색도 검은색도 아니요
非靑非白亦非黑
봄바람에도 하늘에도 달린 것이 아니네
不在春風不在天

우주 생명의 근원을 하나의 절대성, 내지 공(空)으로 상정한 것입니다. 원각산을 우리의 불성으로 보아도 됩니다. 이 꽃은 어떤 조건에 의해 생긴 것처럼 보이지만, 실상은 그 조건을 넘어선 자리를 가리킵니다.

4) 퇴계 이황의 시

물고기는 음물이고 새는 양물이니

鱗爲陰物羽爲陽

날고 자맥질하는 중에 하나가 절로 환히 드러난다

一在飛潛自顯光

이것이 바로 은자가 보고서 즐거워하는 곳이니

正是幽人觀樂處

강물 소리는 무슨 일로 낮아졌다 높아졌다 하는가

灘聲何事抑還揚

여기서 하나는 태극입니다. 물고기와 새뿐만 아니라, 강물 소리가 낮아졌다 높아졌다 하는 것 역시 음양의 변화입니다. 이러한 현상계의 변화 속에 하나의 실존인 태극이 있다는 뜻입니다.

태극은 곧 리(理)입니다. 리는 사물의 법칙과 공이 결합된 개념입니다. 퇴계는 리를 이렇게 설명합니다.

형상은 보이지 않지만 리(理)보다 더 실재하는 것은 없습니다. 불교의 공(空)에 법칙성을 넣은 것이 리입니다.

여기에 덧붙이고 싶은 이야기가 있습니다. 지금도 종교뿐만 아니라 철학 전반에서, 앞에서 언급한 바와 비슷한 생각들이 반복됩니다. 가만히 들여다보면, 왜 그런 생각에 이르게 되는지가 보입니다. 삶의 의미를 제대로 붙잡지 못하기 때문입니다. 자꾸 어딘가에 "뭔가 있을 것"이라고 기대하고, 저 사람에게 "뭔가 있을 것"이라고 투사합니다. 젊은 시절에는 저 역시 그 기대에 여러 번 속았습니다.

만약 하나님을 믿는 기독교인이라면, 눈에 보이지 않지만 하나님보다 더 실재적인 것은 없다고, 그렇게 느껴야 할 것입니다. 그런데 그렇게 되려면 무엇이 필요하겠습니까? 자기가 사라져야 합니다. 자기가 남아 있는 한, 그것은 보일 수 없습니다. 자기 욕망이나 집착이 남아 있으면, 그다음부터는 모든 것이 왜곡됩니다.

때문에, "무언가를 보았다"는 말은 늘 조심해야 합니다. 깨달아서 무엇을 보았고, 수행해서 무엇을 보았고, 기도해서 무엇을 보았다는 말들은 모두 '대상'에 대한 이야기입니다. 보인다면 그것은 대상입니다. 대상은 생각이 만들어낸 것입니다. 자기 마음이 보입니까? 우주의 신이 보입니까? 보였다면, 이미 대상이 된 것입니다.

미국의 명상가 잭 콘필드(Jack Kornfield)는 『깨달음 이후의 빨래감』에서 세계적인 종교인, 명상가들과 모여 대화해 보았더니 다들 아무리 대단한 깨달음이 있어도 그 체험은 오래 가지 않고 없어지더라고 했다고 합니다. 길어야 몇 달입니다. 집에 돌아가 배우자를 만나고, 다시 화가 나고, 다시 욕망이 올라옵니다. 이게 솔직한 이야기입니다. 한 번의 체험으로 영원한 평화에 들어간다는 말은 성립하지 않습니다. 그보다 더 큰 욕망이 어디 있겠습니까? 그런 욕망을 붙잡고 있으면, 모든 것을 거꾸로 보게 됩니다. 초기 불교에서는 욕망이라는 것이 전부 허상임을 알면 괴로움이 사라진다고 말합니다. 사실 아주 단순한 이야기입니다.

리, 진여, 불성 같은 생명의 실상은 직관하여 감지할 수 있지, 대상으로 볼 수는 없습니다. 오히려 보려고 애쓰는 노력을 내려놓을 때, 대상이 마음과 합일하면서 공 또

는 태극을 증득(證得)할 수 있습니다. 다만 이것이 한 번의
체험으로 끝나는 일은 아닙니다. 그 경험을 바탕으로 삶의
태도가 달라지고, 눈에 보이는 것만 따라가서는 안 된다는
확신이 생길 때, 그제야 삶이 조금 편안해집니다.

10. 생생불이(生生不已)와 법계연기(法界緣起)

동양학에서 생명을 주제로 놓고 본다면, 이보다 더 생명을 잘 표현한 말은 없다고 생각합니다. 『주역』의 생생불이(生生不已)와 『화엄경』의 법계연기(法界緣起)가 바로 그것입니다. 이 두 개념은 우주 생명의 실상을 서로 다른 언어로, 그러나 같은 구조로 드러냅니다.

1) 생생불이(生生不已)

『주역』의 「계사전(繫辭傳)」에 다음과 같은 말이 나옵니다.

> 낳고 낳음을 역(易)이라 하고…음(陰)하고 양(陽)하여 측량할 수 없음을 신(神)이라 한다.[生生之謂易…陰陽不測之謂神]

이 구절을 보면 설명이 거의 없습니다. "낳고 낳는다"

고만 말합니다. 목표도 없고, 완성도 없고, 끝도 없습니다. 생명은 어디로 가야 한다거나, 무엇이 되어야 한다고 말하지 않습니다. 그저 낳고 또 낳을 뿐입니다. 생성하고 소멸하고, 다시 생성하고 소멸합니다. 이것이 우주의 기본 속성이라는 겁니다.

특별한 이유가 없습니다. 왜 그렇게 작동하느냐고 물어도 대답이 나오지 않습니다. 생명은 그냥 그렇게 작동합니다. 이 점이 오히려 두렵게 느껴질 때도 있습니다. 생명은 목적을 향해 나아가는 게 아니라, 멈추지 않는 흐름으로 존재합니다.

이어지는 말이 중요합니다. 음과 양이 끊임없이 바뀌며 헤아릴 수 없음을, 신(神)이라고 부른다고 했습니다. 여기서 신은 인격신이 아닙니다. 계산되지 않는 생명의 작동, 인간의 분별을 넘어서는 영역을 가리키는 이름입니다. 설명할 수 없으니 신이라고 부른 것입니다.

2) 법계연기(法界緣起)

이제 법계연기로 넘어갑니다. 법계연기는 『화엄경』이 세계를 바라보는 방식입니다. 법계라는 전체 실상 속에서, 모든 존재가 서로 걸림없이 상입상즉(相入相卽)하고 있음을 밝히는 사유입니다.

이를 가장 압축적으로 보여주는 글이 바로 의상대사(義湘大師)의 법성게(法性偈)입니다.

참 성품은 매우 깊어 극히 미묘하여
眞性甚深極微妙
자성을 따르지 않고 인연 따라 이뤄진다
不隨自性隨緣成
하나 가운데 일체요 많음 가운데 하니이니
一中一切多中一
하나가 곧 일체요 많음이 곧 하나라
一卽一切多卽一
한 티끌 속에 시방세계를 포함하고
一微塵中含十方

   동아시아미래가치연구소 **생명학 CLASS 06**

이 짧은 글 안에 『화엄경』 전체의 사유가 들어 있습니다. 문장도 좋고, 내용도 치밀합니다. 중국에서도 이 글을 높이 평가합니다.

특히 첫 구절이 중요합니다.

이 말은 우주의 본성이 어떤 고정된 실체로 존재하는 것이 아니라, 모든 상황과 인연에 따라 드러난다는 뜻

불교와 『주역』의 생명철학

입니다. 그런데 여기서 우리가 특정한 상태, 특정한 '현재의 나'를 꼭 붙잡고 있어야 한다고 고집하면, 그것은 잘못된 생각이 됩니다. 이어지는 구절을 보면, 하나 가운데 일체가 있고, 일체 가운데 하나가 있으며, 한 티끌 속에 시방세계가 들어 있고, 모든 티끌 속에도 그와 같다고 합니다.

이해를 위해 바다의 비유를 들어보겠습니다. 바닷물이 전체라면, 파도 하나를 가리켜도 그것은 바다입니다. 바닷물을 전부 떠 와서 "이게 바다다"라고 증명할 필요는 없습니다. 파도 하나가 이미 바다이기 때문입니다. 우리가 보기에는 파도와 바다가 둘처럼 보이지만, 물의 입장에서는 하나입니다. 다만, 우리는 인식할 때 반드시 둘로 나누어야만 이해할 수 있기 때문에 믿어지지 않는 것이지요. 이 인식의 습관에 속아, 우리는 늘 반쪽만 봅니다. 반쪽만 볼 때는 반드시 문제가 생깁니다.

그렇다고 해서 구별을 없애자는 말은 아닙니다. 구별을 못 하면 생존 자체가 불가능합니다. 길을 가다가 "차와 내가 둘이 아니다"라고 생각하면 큰일 납니다. 두 가지가 함께 작동할 때, 즉 구별하면서도 집착하지 않을 때, 그 상

    동아시아미래가치연구소 **생명학 CLASS 06**

태를 깨달았다고 말할 수 있습니다. 그러나 대부분은 반쪽만 보는 데 익숙해져 있습니다.

태어났을 때부터 우리는 대상을 정확히 인식하지 못하면 살아남을 수 없습니다. 그래서 대상 인식이 계속 축적되고, 그 기억이 쌓여 무의식이 됩니다. 무의식 속에는 특히 좋지 않은 기억들이 강하게 남습니다. 이런 상태에서 "무언가를 깨달았다"고 해서 문제가 해결되지는 않습니다. 무의식이 그대로 남아 있기 때문입니다.

그래서 법계연기에서 말하는 상입상즉은, 단순한 사변이 아니라 인식의 구조를 건드리는 이야기입니다. 생생불이가 우주의 작동 방식이라면, 법계연기는 그 작동이 한 순간도 끊어진 적이 없다는 사실을 보여줍니다.

이 두 가지를 함께 보면, 생명은 끊임없이 생겨나고 사라지는 것처럼 보이지만, 전체에서는 한 번도 끊어진 적이 없습니다. 생성과 소멸은 겉모습일 뿐이고, 그 밑바닥에서는 항상 같은 생명의 흐름이 이어지고 있습니다.

11. 삶과 죽음을 보는 두 가지 견해

삶과 죽음의 문제로 들어가 봅시다. 앞에서 우주 생명, 연기, 법계의 구조를 이야기했지만, 결국 이 문제로 돌아오게 됩니다. 삶과 죽음은 멀리 있는 철학 주제가 아니라, 지금 어떤 태도로 살고 있는가와 바로 연결되어 있습니다.

1) 공자

먼저 『논어(論語)』 「선진(先進)」에 나오는 구절입니다. 자로(子路)가 귀신(鬼神) 섬기는 것에 대해 묻자, 공자가 말합니다.

> "사람을 잘 섬기지 못한다면 어떻게 귀신을 섬길 수 있으리오.[未能事人 焉能事鬼]"

이어서 자로가 "감히 죽음을 묻습니다."라고 하자, 공자는 이렇게 답합니다.

 동아시아미래가치연구소 **생명학 CLASS 06**

이 말을 흔히 "삶도 모르는데 죽음을 어떻게 아느냐"
는 회피로 이해하는 경우가 있습니다. 그러나 그렇게 단순
한 말은 아닙니다. 삶과 죽음을 따로 떼어 놓고 묻는 질문
자체가 성립하지 않는다는 뜻입니다. 동전의 한 면만 보면
서 다른 한 면은 없다고 생각하는 사람이 지혜로운 사람
이겠습니까. 한쪽을 보면, 반대편이 함께 있다는 것을 아
는 사람이 지혜로운 사람입니다.

정자(程子), 즉 정이(程頤)는 다음과 같이 말합니다.

삶의 이치를 알면 죽음의 이치를 알 수 있다는 말은, 삶과 죽음을 분리하지 말라는 뜻입니다.

이와 관련해 떠오르는 장면이 하나 있습니다. 예전에 TV에서 『토지』의 작가 박경리 선생을 본 적이 있습니다. 투병 말기였지만 얼굴은 매우 평안해 보였습니다. 고향 충무에서 온 문인들과 대담을 하던 자리에서, 누군가 죽음이 두렵지 않으냐고 묻자 이렇게 말했습니다.

이 말은 책에서 배운 말이 아니라, 삶을 통과한 사람의 말처럼 들렸습니다.

반면, 호스피스 병동에서 일하는 비구니 스님의 이야기를 들으면 전혀 다른 장면이 나옵니다. 죽음을 가장 격렬하게 거부하는 사람들 가운데 상당수가 종교인이라는 겁니다. 특히 목사나 열성적인 신자들이 그렇다고 합니다. 왜 하필 자신을 데려가려 하느냐고, 신에게 항의한다는 이야기까지 들었습니다. 그럴 때 떠오르는 생각이 있습니다. 그것은 신이 아니라, 허상이라는 점입니다. 종교는 그만큼 위험합니다. 이 말은 자극적으로 하려는 말이 아니라, 실제로 그렇다는 뜻입니다.

앞에서 야부와 주자의 시를 이야기했습니다. 두 사람 모두 대단한 수행자였고 사상가였습니다. 그러나 꽃을 보고 느낀 것은 같아도, 표현은 달랐습니다. 느낀 다음에 생각이 개입하면, 그 순간부터 왜곡이 시작됩니다. 수행이 깊은 사람이라 해도 예외는 아닙니다.

2) 주자(朱子)

이제 주자의 이야기로 넘어가 보겠습니다. 『주자어류(朱子語類)』에는 다음과 같은 비유가 나옵니다.

> 조화의 운행은 마치 맷돌과도 같다. 상면은 항상 돌면서 그치지 않으니, 만물이 생겨나는 것은 마치 맷돌에 흩어져 나오는 곡물의 알맹이가 큰 것도 있고 작은 것도 있어 절로 일정하지 않은 것과 같다.[造化之運如磨 上面常轉而不止 萬物之生 似磨中撒出 有粗有細 自是不齊]

불교의 윤회를 부정하는 말입니다. 여기서 맷돌의 윗부분은 하늘을, 아랫부분은 땅을 비유합니다. 하늘은 끊임없이 운행하고, 땅은 그것을 받쳐 줍니다. 곡물의 알맹이가 크든 작든, 그것은 맷돌의 작동 결과이지 콩이 선택한 것이 아닙니다. 만물의 생성은 조화의 운행일 뿐, 개체가

그 과정에 개입할 수 없다는 뜻입니다. 더 이상은 모르겠
다는 태도이기도 합니다.

3) 십이연기(十二緣起)

불교에서는 삶과 죽음을 십이연기(十二緣起)로 설명합니다.

無明(1) → 行(2) → 識(3) → 名色(4) → 六入(5) →
觸(6) → 受(7) → 愛(8) → 取(9) → 有(10) → 生(11)
→ 老死(12)

『구사론(俱舍論)』은 다음과 같이 정리합니다.

무명(無明)과 행(行) 두 가지는 과거의 인(因)이고,
식(識) 이하 다섯 가지는 현재의 과(果)이며, 애

(愛)·취(取)·유(有) 세 가지는 현재의 인(因)이고,
생(生)·노사(老死) 두 가지는 미래의 결과이다.[無
明行二過去因 識等五支現世果 愛取有三現世 因生
老死二未來果]
참고: 애(愛 갈애), 취(取 취착(就捉)), 유(有 존재).

여기서 중요한 것은 식(識)입니다. 다른 종교나 철학
에는 없는 불교만의 핵심입니다. 무명에서 비롯된 행위가
있으면, 그것을 아는 식이 생기고, 그 식이 모든 행위를 기
억합니다. 이 기억이 종자가 되어 다음 생을 결정합니다.

사람은 다른 사람은 속일 수 있어도, 자기 자신은 속
일 수 없습니다. 자기를 보고 있는 어떤 자리가 있기 때문
입니다. 위급한 순간에 살아온 기억이 한꺼번에 떠오른다
는 이야기들이 있습니다. 그 순간에 전혀 없는 기억은 나
오지 않습니다. 저장된 것만 나옵니다. 이것이 식의 작동
방식입니다.

불교에서는 부모의 기가 결합해 형체를 이루면, 여기에 식이 들어가 아이가 태어난다고 말합니다. 주자는 여기에 천명지성(天命之性)이 들어간다고 설명했지만, 불교는 식이 들어간다고 말합니다. 인간과 만물이 불평등하게 태어나고, 생로병사의 순환을 반복하는 이유의 핵심도 바로 여기에 있다고 봅니다.

유식학에서는 이 식을 팔식(八識), 즉 아뢰야식이라 합니다. 아뢰야식은 장식(藏識), 종자식(種子識)이라고도 합니다. 모든 생명체가 DNA에 유전 정보를 저장하듯, 유식학에서는 살아온 모든 과정이 식에 저장된다고 설명합니다.

윤회가 있느냐 없느냐는 질문을 받으면, 이렇게 말할 수밖에 없습니다. 있어도 우리가 생각하는 방식으로 있는 것은 아니고, 없어도 우리가 생각하는 방식으로 없는 것은 아닙니다. 이 말이 모호하게 들릴 수 있지만, 틀린 말은 아닙니다. 윤회가 전혀 없다면, 죽을 때까지 나쁜 짓만 하고도 아무 문제가 없어야 합니다. 그런 세계가 가능하겠습니까?

또 어떤 사람들은 붓다가 윤회를 말하지 않았다고 하지만, 니까야에는 태아가 어떻게 형성되는지, 식이 어떻게 들어가는지까지 분명히 나와 있습니다. 윤회가 없다면 자연의 법칙과도 맞지 않습니다. 에너지는 갑자기 끊어지지 않습니다.

혼자 조용히 있을 때, 마음이 잠잠해질 때, 무의식의 힘이 얼마나 큰지 느낄 때가 있습니다. 『중용』에 "은밀한 것보다 더 드러난 것은 없다"는 말이 있습니다. 내가 제어할 수 없는 힘이 내 안에서 작동하고 있다는 사실을 부정할 수 없습니다. 만약 그냥 살다가 어느 날 완전히 사라진다면, 굳이 계율을 지키고 수행할 이유가 무엇이겠습니까?

종교는 "이래도 되고 저래도 된다"는 말로 성립하지 않습니다. 그 자체로 반드시 지켜야 할 원리가 있어야 합니다. 그렇지 않으면 종교가 아니라 도덕책이 됩니다. 눈에 보이지 않는다고 해서 나와 상관없다면, 무슨 짓을 해도 된다는 생각으로 흘러가게 됩니다.

DNA 배열이 물질이 저절로 만들어낸 것이라고 말할 수 있을까요. 생명은 DNA 이전에 이미 있다고 느낄 수밖에 없습니다. 그것을 신이라 부르든, 태극이라 부르든, 불성이나 진여라 부르든 이름은 사람이 붙이는 것입니다. 생

 동아시아미래가치연구소 **생명학 CLASS 06**

명은 스스로 "나는 누구다"라고 말하지 않습니다.

　이렇게 보면, 삶과 죽음은 분리된 문제가 아닙니다. 삶을 제대로 보지 않으면 죽음도 볼 수 없고, 죽음을 외면하면 삶 역시 왜곡됩니다. 이 두 가지를 함께 보는 것이, 불교와 유학이 공통으로 말하는 지점입니다.

12. 어떻게 살 것인가

마지막 이야기입니다. 여기까지 오면 이런 질문이 나올 수 있습니다.

> "그래서 결론이 무엇이냐."
> "결국 어떻게 살라는 말이냐."

이 질문이 가장 어렵기도 하고, 동시에 가장 쉬운 질문이기도 합니다. 이미 다 알고 있는 이야기인데, 실천이 되지 않는 문제이기 때문입니다.

인간이 가장 두려워하는 것은 자기 생명의 소멸입니다. 부(富)와 지위, 명예를 얻고자 그렇게 애쓰는 것도, 따지고 보면 생명을 자기 존재와 동일시하여 자기 존재를 인정받고 싶기 때문입니다. 존재가 사라질지 모른다는 두려움이 그 밑바닥에 깔려 있습니다.

존재가 있으면, 그 존재를 유지하려는 본능이 생깁니다. 불교에서는 이것을 갈애(渴愛)라고 부릅니다. 갈애는 한 번으로 끝나지 않습니다. 만족할 줄 모릅니다. 그래서 반드시 고(苦), 불만족이 따릅니다. 이건 도덕적 판단이 아니라 구조에 대한 설명입니다.

갈애가 없으면 육체를 유지할 수 없을 것 같지만, 문제는 갈애가 한 번으로 끝나지 않는다는 데 있습니다. 예전에는 새마을호를 타고도 만족했는데, KTX를 타고 나면 다시는 새마을호를 타지 못하는 것과 비슷합니다. 더 빠른 것, 더 강한 것, 더 자극적인 것을 계속 찾게 됩니다.

미국의 명상가 디팩 초프라(Deepak Chopra)는 자신의 명상센터에 오는 사람들 가운데, 과거에 술이나 마약에 빠졌던 사람들이 많다고 말합니다. 술이나 마약으로도 갈애가 채워지지 않으니까, 그 반대쪽으로 달려온 것입니다. 갈애의 방향만 바뀌었을 뿐, 구조는 그대로입니다.

종교 수행도 이 점에서는 크게 다르지 않습니다. 종교 수행은 대개 가장 큰 욕망으로 시작합니다. 더 높은 경지, 더 깨끗한 상태, 더 안전한 세계를 원합니다. 그러나 역설적으로, 종교 수행은 결국 모든 욕망을 버림으로써 성취됩니다. 욕망을 붙잡고 있는 한, 어디에도 도달하지 못합니다. 욕망을 붙잡은 채로 하늘나라나 극락에 가고 싶어 하는 모습을 보면 이해되지 않을 때가 있습니다. 대관절 심심해서 어떻게 살려고 그런 곳에 가고자 하는 것입니까? 사람은 의외로 평온을 잘 견디지 못합니다. 트러블을 좋아하고, 미움을 좋아합니다. 사랑은 자기 존재를 잠시 내려놓아야 가능한데, 그게 쉽지 않기 때문입니다.

모든 존재는 생로병사의 변화를 겪습니다. 이것은 엄연한 진실입니다. 진실을 외면하는 어리석음 때문에 고(苦)가 생깁니다. 연기는 자신과 세계의 변화를 꿰뚫어 보아 실상을 알라는 것이고, 역(易)은 자신이 처한 현실의 변화를 알라는 것입니다. 두 사상 모두, 욕망에 끌려 보고 싶은 것만 보지 말고 변화의 전체를 보라고 합니다.

이제, 퇴계 이황이 직접 지은 묘갈명(墓碣銘)의 구절을 함께 읽어 봅시다.

동아시아미래가치연구소 **생명학 CLASS 06**

근심스러운 가운데에 즐거움이 있고　　憂中有樂

즐거운 가운데에 근심이 있네　　樂中有憂

조화를 타고 돌아가니　　乘化歸盡

다시 무엇을 구하리　　復何求兮

＿＿ 〈퇴계(退溪) 자찬(自撰) 묘갈명〉

죽음을 본래 왔던 곳으로 돌아간다고 보았습니다. 거시적인 관점에서 보면, 살고 죽는 현상만 있을 뿐 살고 죽는 자는 없습니다. 바다에 파도가 일어나도 바닷물 자체는 증감(增減)이 없는 것처럼 말이지요. 연기가 변화하는 흐름만 있지 일정한 존재는 없으니 집착하지 말라고 한다면, 역(易)은 변역(變易)하는 현상은 다른 부분과 연동(連動)하니 한 부분만 보지 말라고 합니다.

생명을 보는 시야를 넓히면, 모든 현상이 부분적으로는 생멸하는 것처럼 보이지만 전체적으로는 생멸하는 것은 겉모습일 뿐이고, 실상은 생멸하지 않는 불생불멸(不生

不滅) 부증불감(不增不減)이라 할 수 있습니다.

그럼에도 변화를 통해 생명의 실상을 보지 못하는 이유는 분명합니다. 자기를 주장하는 생각, 자기를 고정된 실체라고 믿는 착각 때문입니다. 자기 존재에 대한 집착이 강할수록 더욱 변화를 싫어하여 외면합니다.

젊을 때는 마음이 감정의 큰 파도에 휩쓸려 요동치므로 이쪽 아니면 저쪽, 어느 한쪽만 보이다가 나이가 들면서 차츰 파도가 잔잔해지고 전체가 보여야 정상적인 삶이라 할 수 있습니다. 젊은 시절의 사랑 행복은 미움과 불행을 수반합니다. 사랑과 행복을 넘어서 평화에 이르러야 인생이 완성됩니다.

오늘 강연은 여기까지입니다. 지루하고 긴 이야기 들어주시느라 고생 많으셨습니다.

Q&A

🎧 **청중 1**

오늘 강연에서 불교의 생명관을 말씀하실 때, 흔히 떠올리는 전생·내생이나 생사윤회설이 중심에 놓이지 않는 것처럼 느껴졌습니다. 선생님께서는 불교 생명관의 핵심을 연기와 변화에 두고 계신 듯한데, 그렇다면 윤회는 불교의 생명관에서 어떤 의미를 갖는 것인지 궁금합니다. 윤회를 벗어나야 한다고 말하는데, 그 윤회가 왜 생명관의 중요한 요소로 남아 있는지도 잘 이해되지 않습니다.

윤회도 결국은 변화의 한 양상입니다. 불교에서 연기를 말할 때는 두 가지 층위가 있습니다. 하나는 십이연기(十二緣起)이고, 다른 하나는 화엄에서 말하는 법계연기(法界緣起)입니다.

법계연기는 우주 전체의 흐름을 보라는 이야기입니다. 반면 십이연기는 개체의 생로병사를 설명합니다. 사람이 이렇게 저마다 다른 모습으로 태어나는 것은, 이전에 있었던 원인과 조건의 결과로 그렇게 나타난다는 설명입니다. 이것이 십이연기입니다.

불교에서 말하는 핵심은, 지금 눈앞에 나타난 결과 하나에 집착하지 말고 전체의 흐름을 볼 때 고통의 순환 고리에서 벗어날 수 있다는 점입니다. 이것이 불교에서 말하는 해탈의 방향입니다.

흥미로운 점은, 십이연기 이론은 서양 학자들이 굉장히 좋아한다는 사실입니다. 개인의 삶에 직접 적용할 수 있기 때문입니다. 한편, 한국 · 중국 · 일본의 학자들은 화엄의 법계연기를 선호하는 경향이 있습니다. 우주가 하나다, 전체가 연결되어 있다는 말이 추상적으로 들리고, 또 그럴듯해 보이기 때문입니다. 질문하신 생사윤회 문제는 바로 이 두 층위가 만나는 지점에 놓여 있습니다.

요즘 불교학자들 가운데에는 윤회가 없다고 말하는 사람도 적지 않습니다. 그런 주장이 새롭고 있어 보이기 때문입니다. 학자들은 교리의 실제적 의미보다는, 기존과 다른 이야기를 하는 데 관심을 두는 경우가 많습니다. 과학 이론은 틀리면 고치면 되지만, 종교에 대해 잘못 말하는 것은 많은 사람에게 실제적인 혼란을 줍니다. 이 점은 매우 조심해야 합니다.

붓다는 윤회가 있느냐는 질문에 대해, 때로는 있다고도 하고, 때로는 없다고도 말했습니다. 그러나 니까야 경전을 보면 분명히 나옵니다. 사람이 태어날 때는 반드시 식(識)이 들어가야 합니다. 어머니와 아버지의 난자와 정자가 결합해 형체가 만들어지더라도, 거기에 식이 들어가야 하나의 존재가 성립합니다.

주자는 "기가 형체를 이루면 여기에 하늘의 이치가 들어간다"고 설명했지만, 그렇게만 설명하면 왜 어떤 사람은 이상한 성향을 가지고 태어나는지 설명하기가 어렵습니다. 이것은 유치한 질문이 아니라, 실제로 설명하기 어려운 문제입니다.

불교에서는 『증도가』에 이런 말이 나옵니다.

"꿈속에서는 분명히 육도윤회가 있었는데, 깨어 보니 이 우주조차 없더라."

불교는 언제나 진제(眞諦)와 속제(俗諦), 두 층위로 말합니다. 실상의 자리에서는 변화가 없고, 현상에서는 분명히 변화가 있습니다. 바다에 파도가 일어나도, 바닷물 자체가 늘어나거나 줄어들지는 않는 것과 같습니다.

만약 실상에서 윤회가 없다면 생사해탈할 사람이 없고, 반대로 현상에서도 윤회가 없다면 수행할 이유가 없어집니다. 죽으면 모든 것이 해결된다면, 왜 수행을 하겠습니까? 그런데 붓다는 매일 아침 명상을 했고, 돌아가시기 전까지도 "방일하지 말고 정진하라"고 말했습니다. 눈에 보이지 않는다고 해서 없다고 생각하지 말라는 뜻입니다.

사람들이 윤회를 말할 때, 흔히 죽기 싫어서 윤회를 붙잡는 경우가 많습니다. 그러나 붓다가 윤회를 문제 삼은 이유는 오히려 죽지 않기 때문에 큰일이라는 데 있었습니다. 그래서 윤회를 벗어나야 한다고 말한 겁니다.

지금은 물질문명이 너무 강해서, 사람들의 습관이 쉽게 바뀌지 않습니다. 쾌락과 고통을 반복하지 않으면 살아 있는 느낌을 받지 못합니다. 그래서 조용히 혼자 있는 시간이 필요합니다. 혼자 있어야 자신이 보이고, 마음이 어떻게 일어났다 가라앉는지도 보입니다. 너무 빠르게 살면, 변화하는 것만 보일 뿐 그 구조는 보이지 않습니다.

🎧 청중 2

불교에서는 모든 것이 공(空)하고 인연에 따라 생겨나고 소멸한다고 말하는데, 십이연기 설명을 보면 유독 식(識)만이 계속 이어지는 것처럼 보입니다. 식이 마치 상주하는 실체처럼 이야기되는 이유가 무엇인지 궁금합니다. 또 한편으로는, 열반에 들면 더 이상 태어나지 않는다고 하는데, 그렇다면 열반 역시 또 하나의 고정된 상태가 되는 것은 아닌지 의문이 듭니다.

열반의 세계에 대해서는, 솔직히 말해 나 역시 열반을 직접 경험해 본 사람이 아니기 때문에 단정적으로 말하기는 어렵습니다. 식(識)에 대한 문제도 마찬가지로 매우 어려운 질문이고, 대답하기가 쉽지 않은 주제입니다. 다만 문헌과 사유의 맥락에서 이렇게 이해하고 있습니다.

먼저 분명히 하고 싶은 것은, 식은 어떤 상주하는 실체가 아니라는 점입니다. 식은 기억 작용에 가깝습니다. 보고 있는 자가 있고, 그 자리가 행위를 기억합니다. 사람이 어떤 행위를 하면 그 흔적이 남고, 식은 바로 그 흔적을 저장하는 기능을 합니다. 이 점에서 식은 요즘 말로 하면 DNA에 비유할 수 있습니다. DNA가 고정된 자아는 아니지만 정보가 저장되듯, 식 역시 행위의 정보가 축적되는 자리입니다.

이 문제는 불교 내부에서도 설명 방식이 다릅니다. 유식학에서는 이를 팔식(八識) 체계로 설명합니다. 반면 초기 불교에서는 팔식 체계를 인정하지 않고, 재생연결식이라는 개념으로 설명합니다. 사람이 죽기 직전에 가장 강력하게 떠오른 생각, 가장 강하게 일어난 마음이 다음 생의 조건을 결정한다는 설명입니다.

그래서 이런 말도 나옵니다. 죽을 때 집에서 키우던 강아지가 가장 강하게 떠오르면, 다음 생이 강아지로 이어질 수도 있다는 거지요. 요즘 기준으로 보면 위험한 발언처럼 들릴 수 있겠네요. 그래서 실제로 "동물을 너무 좋아하지 말라"는 말까지 나옵니다. 조심스럽게 다뤄야 할 이야기이긴 하지만, 이치상 완전히 틀린 말이라고 생각지는 않습니다.

대승불교에서 말하는 "보는 자와 보이는 것이 둘이 아니다", "이 우주는 마음이 드러난 것이다"라는 말은, 원인을 계속 묻고 또 물어 들어가면 결국 최초의 자리까지 가야 한다는 뜻입니다. 기독교에서는 하나님이라는 존재를 설정하고 그 지점에서 더 묻지 말라고 합니다. 그러나 불교는 거기서 멈추지 않습니다. 끝까지 추궁합니다. 특히 인도 불교는 추상적이기보다는 매우 분석적이고 사실적인 방식으로 이 문제를 다룹니다. 이 점에서 서양 과학과도 닮아 있습니다. 이렇게 계속 추궁해 들어가면, 결국 우주 의식이나 신이 거울을 통해 자기 얼굴을 보는 것이라는 설명 외에는 달리 말할 길이 없어집니다. 그리고 그렇게 이해될 때, 여러 문제가 동시에 풀리기 시작합니다.

요즘 물리학에서도 끈 이론처럼 9차원, 10차원 세계를 이야기합니다. 의상대사의 『법성게』를 보면 "과거 · 현재 · 미래가 서로 걸림없이 상즉한다"는 말이 나옵니다. 이를 차원으로 풀어 말하면, 과거 · 현재 · 미래 각각의 3차원이 현재의 의식에 동시에 투영되어 있다는 설명이 됩니다. 현재의 의식이 없다면 과거와 미래를 인식할 수 없다는 점에서, 완전히 엉뚱한 이야기는 아닙니다.

우리는 시간을 늘 선후 관계로만 생각하지만, 『법성게』가 말하는 세계는 우리 본체, 즉 마음의 자리에서는 거울 하나에 여러 상이 동시에 비친 것과 같은 구조입니다. 이런 관점이 가능해야 시간과 공간이라는 개념이 절대적인 실체가 아니라는 설명도 성립합니다. 만약 시간과 공간이 실제로 고정된 것이라면, 완전한 소멸이라는 개념 자체가 성립하기 어렵습니다.

이 모든 이야기는 추상적인 철학 논변처럼 들릴 수

    동아시아미래가치연구소 **생명학 CLASS 06**

있습니다. 그러나 결국 하고 싶은 말은 단순합니다. 바르게 살라는 이야기입니다. 바르게 산다는 것은 정상적으로 산다는 뜻입니다. 물은 물의 성질대로 흐르고, 불은 불의 성질대로 타듯이, 사람이 정상으로 살면 큰 문제가 생기지 않습니다.

윤회가 있든 없든, 정상으로 살면 다음에 탈이 생기지 않습니다. 문제가 생기는 이유는 갈애, 즉 욕망 때문입니다. 불교는 바로 이 욕망의 실체를 보라고 말합니다. 욕망이 본래 허망한 것임을 꿰뚫어 보면, 거기서 벗어날 수 있습니다.

그래서 진리는 가장 가까이에 있고, 가장 쉬워 보이지만 가장 잘 되지 않습니다. 멀리 있는 이야기, 나와 상관없는 이야기는 결국 말거리일 뿐입니다. 식과 열반의 문제도 결국은 지금 이 자리에서, 내가 어떻게 살고 있는가의 문제로 돌아옵니다.

🎧 **청중 3**

선생님께서 구분하신 물의 종교와 불의 종교가 인상 깊었습니다.

각각의 종교가 어떤 성격을 가지며, 왜 그런 구분이 가능한지, 그 속성을 조금 더 자세히 설명해 주시면 좋겠습니다. 또 불이 욕망과 연결된다면, 강한 생명력으로서의 불이 대중 종교에는 오히려 필요하지 않은지 궁금합니다.

🎓 이상하 선생님

저는 물을 이성에, 불을 욕망에 비유해서 생각해 왔습니다. 불교에서 우리가 사는 세계를 욕계(欲界)라고 부르지요. 욕망의 세계라는 뜻입니다. 사람은 욕망이 충족될 때 가장 쉽게 반응합니다. 그래서 불의 종교는 고통에서 벗어나는 속도가 빠릅니다. 감정적으로 확 끌어당기기 때문입니다. 물의 종교는 다릅니다. 물의 종교는 이성적으로, 냉정하게 분석합니다. 학문이 제대로 작동하면, 결국 물의 종교가 됩니다. 하지만 이성은 시간이 걸리고, 즉각적인 만족을 주지 않습니다. 그래서 어렵습니다.

불의 종교는 어떻게 믿게 되느냐 하면, 교리를 하나하나 따져서 믿는 경우는 거의 없습니다. 감성적으로 한 번 끌리면, 박수 몇 번 치고, 분위기에 휩쓸려 믿게 됩니다. 문제는 한 번 빨려 들어가면, 빠져나오기가 매우 어렵다는 점입니다. 이 점에서 불의 종교는 분명히 위험한 면이 있습니다. 이런 정의는 아마 기독교 쪽에서는 좋아하지 않을 텐데, 그 점은 잘 알고 있습니다.

질문하신 말씀처럼, 불은 욕망임과 동시에 강한 생명력이기도 합니다. 그렇기 때문에 대중 종교는 어느 정도 불의 요소를 가질 수밖에 없습니다. 초기 불교를 보면, 사실은 종교라기보다 수행 공동체에 가까웠습니다. 종교라는 것은 본래 '구원'이라는 요소가 들어가지 않으면 성립하기 어렵습니다. 잘 도르는 사람들을 끌어안는 장치가 필요하기 때문입니다. 부처님 당시 인도에는 불을 숭배하는 종교가 있었습니다. 불이 없으면 살 수 없으니까요. 불은 생존과 직결된 요소였습니다. 그런 환경 속에서 불교가 나왔다는 점도 함께 봐야 합니다.

여기서 하나 더 중요한 점이 있습니다. 초기 경전에 이런 말이 나옵니다. "지혜로운 사람은 원인을 보고, 어리석은 사람은 결과를 본다." 원인을 본다는 것은 생각한다는 뜻이고, 결과를 본다는 것은 감정에 반응한다는 뜻입니다. 사람은 무의식 속에 있는 감정을 어떻게든 분출하려고 합니다. 그 분출 통로를 찾습니다. 종교든 정치든, 모두 그런 통로로 작동하는 경우가 많습니다. 그래서 일이 잘 안 풀립니다.

실제로 아주 명백한 논리와 결론이 있어도, 이해관계나 감정 때문에 최소한 일정 비율은 반드시 반대가 나옵니다. 그럴 때마다 이런 생각이 듭니다.

'내가 세상을 환상으로 보고 있는 건 아닐까, 세상을 인식하기 위해 일부러 쪼개서 보고 있는 건 아닐까.'

사람들이 실상이나 자기 자신을 보려고 하지 않는 이유는 분명합니다. 실상이나 자기를 제대로 보면, 지금의 자기가 깨지기 때문입니다. 자기 욕망이 무너집니다. 그래서 보기 싫은 겁니다. 종교나 정치처럼 멀리 있는 대상은, 아무리 욕망을 투사해도 큰 탈이 없습니다. 오히려 자기 존재가 더 강화됩니다.

그래서 토인비 같은 학자는 인류가 평화로워지려면 종교가 없어야 한다고 말했습니다. 불교 안에도 훌륭한 분들이 많지만, 종교인이 되는 순간부터 문제가 생긴다고 느낄 때가 많습니다. 남과 다른 사람이 되려는 순간, 생각이 비틀어지기 시작합니다. 그때부터 유치한 행동과 말이 만들어지고, 이상한 주장도 믿게 됩니다.

분명 객관적으로 보면 이상한 사람인데, 그런 종교인을 한번 믿기 시작하면 벗어나지 못하는 경우를 종종 봅니다. 남을 좋아한다는 것, 무엇인가에 빠져든다는 것은 그만큼 위험한 일입니다. 사랑과 믿음은 생명력이 강한 만큼, 항상 경계가 필요한 법이지요. 물과 불은 둘 중 하나만으로는 온전하지 않습니다. 불만 있으면 폭주하고, 물만 있으면 얼어붙습니다. 문제는 균형입니다. 불의 힘을 이성이 다스릴 수 있을 때, 비로소 종교도 사람에게 도움이 됩니다.

🎧 청중 4

오늘 강의를 들으며 인식의 문제가 사람에게 얼마나 중요한지 다시 느끼게 되었습니다. 선생님 말씀처럼 우리는 대상을 보면서도 실상을 보지 못하는 습관에 익숙해져 있는 것 같습니다. 저 개인적으로는 종교나 정치와 같은 영역에서는 표면적인 말이나 주장 그대로를 받아들이지 않고, 그 이면을 보려고 노력하는 편입니다. 종교를 바꾸기도 하고, 신화적 이야기나 상징적인 표현이 나올 때마다 "왜 이런 말을 했을까"를 되새겨 보려고 합니다. 그런데 일상으로 돌아오면, 읽는 글이나 접하는 정보들을 결국 제 욕심과 입장에 따라 해석하고 인식하게 되는 경우가 많다는 걸 느낍니다. 대상은 보고 있지만, 실상은 놓치고 있는 셈이지요. 이런 인식의 습관을 바꾸고, 대상에 끌려다니지 않으면서도 실상을 보려면, 일상 속에서 어떤 태도나 마음가짐이 필요할지 조언을 듣고 싶습니다.

🎓 이상하 선생님

저 또한 역시 말로는 이렇게 설명하지만 실제로 잘 되지는 않습니다. 다만 혼자 있는 시간이 많아지면서 한 가지 분명하게 느끼게 된 점은, 생각은 내가 하는 것이 아니라 일어나는 것이라는 사실입니다. 우리가 흔히 생각을 마음대로 조절할 수 있다고 믿는데, 그것 자체가 큰 착각입니다. 생각은 밑바닥에 있는 자아, 그러니까 자기를 드러내고자 하는 욕망이 계속 운전하고 비틀어 놓습니다.

이걸 벗어나는 방법은 많지 않다고 봅니다. 저는 크게 두 가지를 중요하게 생각합니다.

첫째는 행동을 바르게 하는 것입니다. 계율이든 예(禮)든, 먼저 몸의 습관을 바로잡아야 합니다. 말과 행동을 일정하게 유지하면, 생각은 그 다음에 따라옵니다. 습관이 바뀌지 않는데 생각만 바꾸겠다는 건 거의 불가능합니다. 이 방법이 가장 확실합니다.

둘째는 탐구를 멈추지 않는 것입니다. 생각을 따라가지 말고, 왜 그렇게 말했는지를 계속 물어야 합니다. 석가는 왜 그렇게 말했을까, 공자는 왜 그렇게 말했을까, 그 질문이 반드시 자기 문제와 연결되어야 합니다. 그 지점에서 비로소 생각에서 조금씩 벗어날 수 있습니다.

예를 하나 들겠습니다. 내가 사는 집 아래에 강이 있는데, 아침에 햇빛이 비치면 천장에 물 그림자가 어른어른 흔들립니다. 아무리 훌륭한 가르침도, 나는 그 물 그림자 정도라고 생각합니다. 그림자를 아무리 오래 봐도 마음의 불안은 사라지지 않습니다. 물을 직접 보고, 물에 손을 넣어야 그제야 마음이 편안해집니다. 가르침은 어디까지나 그림자입니다.

공부도 마찬가지입니다. 하루에 책 한 권씩 읽는 사람도 있습니다. 그런데 그 사람에게 "가장 감명 깊었던 책이 무엇이냐"고 물었더니 '없다'라고 대답하더군요. 옛사람들 가운데는 『논어』를 만 번 읽었다는 이야기가 있습니다. 만 번을 읽으면 책의 신이 알려준다는 말도 전해지지요. 과장처럼 들리지만, 실제로 그런 방식으로 공부했습니다.

우리는 『논어』를 좋다고 말하면서도, 실제로는 잘 모릅니다. 잘 모르기 때문에 삶이 바뀌지 않는 겁니다. 정말로 안다면 그렇게 살지 않을 수가 없습니다. 뜨거운 줄 알면 불에 손을 넣지 않듯이 말입니다. 계속 읽고, 생각하고, 의심하다 보면 점점 공자의 생각과 비슷해집니다. 그 이전에는 경전을 이용해 자기 생각을 정당화하고 있을 뿐입니다. 이 자기 합리화의 덫을 벗어나는 게 가장 어렵습니다.

참선을 하든 수행을 하든, 지식인일수록 자기 합리화에 빠지기 쉽습니다. 그래서 나는 주자의 격물치지론(格物

致知論)을 높이 평가합니다. 실제로 참선을 하다가 정신적으로 문제가 생긴 경우를 너무 많이 보았습니다. 주자는 자기 마음만 들여다보고 있으면 환상에 빠질 수 있다고 보았습니다. 사물을 직접 보고, 의심하고, 탐구하라고 말했습니다.

개인적으로는 노년에 읽을 책으로 『논어』, 『중용』, 『수타니파타』, 『법구경』을 권하고 싶습니다. 이 책들은 읽어 보면 틀린 말이 하나도 없습니다. 다만 젊을 때는 잘 읽히지 않습니다. 너무 싱겁게 느껴지고, "이런 말은 나도 하겠다"는 생각이 들기도 합니다. 그런데 나이가 들면, 그 말들이 가슴으로 들어옵니다. 이런 이야기를 강연이나 법문으로 하면, 사람들이 잘 모이지 않습니다. 특별하고 자극적인 이야기를 해야 사람들이 모이기 때문입니다. 하지만 결국 인식의 문제를 해결하는 길은, 행동을 바로 세우고, 탐구를 멈추지 않는 것 외에는 없다고 생각합니다.

🎙 사회자

긴 시간 동안 깊이 있는 강의로 생명에 대한 사유를 함께 나눠 주신 이상하 선생님께 다시 한 번 감사드립니다. 아울러 끝까지 자리를 함께해 주신 모든 분들께도 감사의 말씀을 드립니다. 2025년 생명학 클래스는 오늘로 마무리되지만, 성균관대학교 동아시아미래가치연구소에서는 2026년에도 생명에 관한 다양한 주제를 중심으로 강연과 학술 프로그램을 이어갈 예정입니다. 앞으로도 많은 관심과 참여를 부탁드립니다. 이상으로 오늘 행사를 모두 마치겠습니다. 참석해 주서서 고맙습니다.